La inteligencia artificial y tú

La inteligencia artificial y tú

Rafael Tamames

Prólogo de Javier Rodríguez Zapatero
Presidente de Digitalent Group y exdirector general
de Google en España y Portugal

Plataforma
Editorial

Primera edición en esta colección: septiembre de 2024

© Rafael Tamames, 2024
© del prólogo, Javier Rodríguez Zapatero, 2024
© de la presente edición: Plataforma Editorial, 2024

Plataforma Editorial
c/ Muntaner, 269, entlo. 1.ª – 08021 Barcelona
Tel.: (+34) 93 494 79 99
www.plataformaeditorial.com
info@plataformaeditorial.com

Depósito legal: B 15190-2024
ISBN: 978-84-10243-35-4
IBIC: KJ

Printed in Spain – Impreso en España

Diseño de cubierta:
Pilar Eme

Realización de cubierta:
Grafime S. L.

Fotocomposición:
gama, sl

El papel que se ha utilizado para imprimir este libro proviene
de explotaciones forestales controladas, donde se respetan
los valores ecológicos y sociales, y el desarrollo sostenible del bosque.

Impresión:
Romanyà Valls
Capellades (Barcelona)

A Justine, Victoire, Pía y Clara. La razón de todo.

A Manu y Arantxa por co-crear este libro conmigo.

Índice

Prólogo

Querido lector,

Nos encontramos en una encrucijada histórica donde la tecnología está transformando nuestra realidad a una velocidad sin precedentes. En este contexto, *La inteligencia artificial y tú*, de Rafael Tamames, se erige como una guía esencial para navegar por este nuevo mundo. A través de sus páginas, se despliega una visión clara y accesible sobre cómo la inteligencia artificial está moldeando cada aspecto de nuestra vida cotidiana, desde la economía hasta la educación, pasando por la ética y la gobernanza.

Como presidente de Digitalent Group (ISDI, ISDE, ESERP, IEBS, DIGITECH, CODERS) y exdirector general de Google en España, Portugal y Turquía, he tenido el privilegio de estar en el epicentro de esta revolución digital. He sido testigo de primera mano del poder transformador de la tecnología y de cómo, cuando se usa correctamente, puede abrir puertas a oportunidades sin precedentes. Sin embargo, también he visto los desafíos y las preguntas que surgen: ¿cómo garantizamos que nadie se quede atrás en esta transformación?, ¿cómo aseguramos que los beneficios de la tecnología se distribuyan de manera equitativa? Rafael Tamames aborda estas preguntas con una combinación de rigor y humanidad. Su libro no es solo una exploración técnica de la inteligencia artificial, sino una llamada a la acción para todos nosotros. Nos invita a reflexionar sobre nuestra responsabilidad compartida en la creación de un futuro en el que la tecnología sirva al bien común. En un mundo donde la información se democratiza y el conocimiento es más accesible que nunca, tenemos la oportunidad y el deber de construir una sociedad más justa e inclusiva.

Es fundamental entender que la inteligencia artificial no es un fin en sí mismo, sino una herramienta poderosa que debe ser guiada por valores humanos. Como he dicho en múltiples ocasiones, la educación es la clave para aprovechar las oportunidades que nos brinda esta cuarta revolución industrial. Necesitamos un modelo educativo que fomente la curiosidad, el pensamiento crítico y la capacidad de adaptación. Solo así podremos preparar a las futuras generaciones para un mundo en constante cambio.

Este libro llega en un momento crucial. Estamos en los albores de una nueva era en la que la inteligencia artificial no solo cambiará la forma en que trabajamos, sino también cómo vivimos y nos relacionamos. Rafael nos ofrece una hoja de ruta para navegar estos cambios, destacando tanto los retos como las inmensas posibilidades que se nos presentan.

Prólogo

En *La inteligencia artificial y tú* encontrarás una reflexión profunda sobre el papel de la tecnología en nuestra sociedad y cómo podemos utilizarla para mejorar la vida de todos. Es una lectura obligada para cualquiera que quiera entender el presente y prepararse para el futuro. Estoy convencido de que este libro no solo informará, sino que también inspirará a muchos a participar activamente en la construcción de un mundo mejor.

Con gran entusiasmo,

JAVIER RODRÍGUEZ ZAPATERO

Introducción

Si creyera que la realidad se ajusta fielmente a las predicciones de los periódicos, me apresuraría a colocarme un cono de papel de aluminio sobre la cabeza. No con la intención de evitar que los extraterrestres accedieran a mis pensamientos, sino para confrontar la amenaza que representa la Inteligencia artificial (IA). Según las voces más alarmistas, no queda mucho para que nos despoje de nuestros empleos, vulnere nuestra privacidad y convierta el mundo en un lugar irreconocible. Eso, si no decide, directamente, tomar el control y esclavizar a la raza humana.

La revista *Wales Online*[1] solicitó a Chat GPT que creara una narración acerca de una IA consciente de sí misma que pudiera salvar la Tierra sin considerar aspectos éticos o morales. El resultado tardó menos de treinta segundos e incluía medidas como la «esterilización obligatoria o la eutanasia para aquellas personas consideradas poco propensas a contribuir a la preservación del planeta o al fomento de la

---

1. https://www.walesonline.co.uk/news/world-news/humans-sterilised-euthanised-ai-given-26085020.amp

biodiversidad». Desde entonces, son varios los experimentos que se han llevado a cabo en este sentido, con resultados similares.

Si bien esto constituye una simple anécdota, despierta en nuestra mente miedos atávicos que no dominamos, a pesar de ser muy conscientes de que, como es obvio, la inteligencia artificial no está conspirando para exterminar a la humanidad. Sin embargo, sí existen otros temores más justificados, como la capacidad de generar imágenes y vídeos *fake* o la sustitución de la fuerza laboral humana para llevar a cabo determinadas tareas, por hablar solo de algunos de ellos.

No obstante, antes de echarnos las manos a la cabeza y pensar que un robot va a irrumpir en nuestro despacho para ocupar nuestro lugar, deberíamos saber de qué hablamos cuando hacemos referencia a este tipo de tecnología. Las actuales IA, lejos de ser máquinas conscientes como la Skynet de *Terminator*, aluden a un campo de la informática que busca desarrollar algoritmos y sistemas que sean capaces de desarrollar actividades como el aprendizaje, el razonamiento y la comprensión del lenguaje.

Se clasifican en diferentes tipos, incluyendo la IA débil, la IA fuerte, el aprendizaje automático y el aprendizaje profundo, y sus aplicaciones abarcan diversos campos, como el estudio del consumidor, la producción de contenidos y la interpretación de textos.

Es innegable que la transformación digital no solo está cambiando las estructuras y los flujos de las organizaciones y sistemas de gobierno, sino también sus funciones y propósitos. En 2019, un 40 % de las iniciativas de transformación digital emplearon servicios de inteligencia artificial y, en 2021, el 75 % de las aplicaciones empresariales comerciales usaron IA a nivel global. Y la previsión es que todo va a ser alcanzado, en mayor o menor medida, por procesos automatizados de *machine learning,* como es el caso de la tecnología aplicada a interpretar textos.

Es indudable, por lo tanto, que las IA están cambiando la forma en que funcionan las organizaciones, que modificarán nuestra forma de trabajar, de aprender y de divertirnos. Estamos viviendo lo que ya muchos expertos llaman la Cuarta Revolución Industrial: la convivencia con máquinas, robots e inteligencia artificial, que, en principio, mejorará la productividad y la eficiencia en toda la cadena de valor. Un momento, ¿he dicho robots? Sí, he dicho robots, pero no nos alarmemos: de momento, no vamos a tener que huir de «perros robóticos» como ocurre en la serie *Black Mirror.*

Dicho esto, es normal que existan reticencias relacionadas con estos nuevos actores, que, bajo determinados puntos de vista, pueden desplazar al capital humano. No creo estar descubriéndote nada nuevo al decir que es completamente natural sentir miedo, una emoción inherente a nuestra condición humana. Es lógico cuando nos enfrentamos a lo desconocido, como los modelos predictivos basados en inteligencia artificial, especialmente cuando abordan temas sensibles o controvertidos, como la privacidad de los datos, la discriminación o la toma de decisiones automatizadas. Por eso, no pretendo ridiculizar a aquellos que comparten este tipo de pensamientos. Estas reflexiones también han cruzado por mi mente en algún momento. Yo mismo he experimentado miedo ante la tecnología y la inteligencia artificial, y he tenido ganas de ir corriendo a casa a ponerme el cono de aluminio en la cabeza. Con esto quiero decir que es comprensible que la irrupción de nuevas tecnologías despierte nuestros instintos más primitivos, que activen nuestro *botón del pánico*.

Es probable que, en innumerables ocasiones, hayas oído hablar del *cerebro reptiliano*, donde se encuentran arraigados nuestros miedos ancestrales. La neuropsiquiatra Louann Brizendine hace un análisis profundo de esta parte de nuestro cerebro relacionada con la supervivencia y la preocupación por el futuro, y que se ve influenciada por los impactos diarios a los que estamos expuestos. Es aquí donde entra nuestro miedo a la tecnología y a las IA.

Este fue el motivo que me impulsó a desarrollar mi primer libro, *¿Qué robot se ha llevado mi queso?*, y también es la razón por la cual he escrito este.

Cada vez que me informaban sobre un avance científico, experimentaba temor. Me preguntaba cómo mi empresa y yo podríamos adaptarnos a las nuevas tecnologías de manera efectiva, y sentía preocupación por la posibilidad de quedarme sin trabajo a causa de la inteligencia artificial. El entorno no servía de ayuda. Tanto la literatura como el cine de ciencia ficción han explorado de manera exhaustiva las consecuencias más catastróficas de la tecnología, y gran parte de los medios de comunicación han sabido explotar hábilmente este temor. No es un secreto que las emociones primarias del ser humano son las que más movilizan y captan la atención del público. Los titulares alarmantes, las declaraciones pesimistas y los estudios que pronostican el fin de nuestros empleos y de todo lo que conocemos han sido constantes, especialmente desde la llegada de las inteligencias artificiales generadoras de contenido, como Chat GPT. ¿Cómo no vamos a echarnos las manos a la cabeza?

No voy a negar que algunas aplicaciones de las IA han podido coger por sorpresa a la mayoría de la población, ya que muchos creían que este avance no llegaría tan pronto al ámbito creativo y de generación de contenidos. Su rápido crecimiento ha provocado inquietudes sobre su regulación y seguridad. Expertos como Elon Musk, propietario de Tesla y X, han planteado la idea de establecer una moratoria que limitara temporalmente su avance. Sin embargo, imponer restricciones a la investigación y desarrollo en este ámbito sería algo así como poner puertas al campo. Determinar los aspectos específicos de la IA que se verían limitados, las empresas afectadas y los países en los que se implementaría la moratoria son cuestiones que podrían complicar su ejecución.

Después de mucho investigar, me di cuenta de que la realidad no era tan desalentadora como se pintaba. Llegué a la conclusión de que el ser humano seguirá siendo indispensable. No es la primera vez que nos enfrentamos a cambios significativos, y la historia ha demostrado que siempre nos adaptamos a las circunstancias y los cambios tecnológicos. Como bien señaló el presidente de Google, es innegable que estos cambios son comparables a las revoluciones industriales ocurridas siglos atrás, pero la humanidad no pereció, sino que evolucionó, y ocurrirá lo mismo en esta ocasión, aunque es evidente que muchas cosas se transformarán.

Resulta imposible predecir con certeza lo que sucederá en el transcurso de los próximos veinte años, eso es cierto. Sin embargo, poseemos la capacidad de examinar los vaticinios formulados en el pasado sobre cómo sería el mundo con cada cambio tecnológico y contrastar lo que se esperaba con lo que realmente ocurrió. En los años noventa del siglo pasado, se nos infundió temor con el llamado *Efecto 2000*, cuando se pronosticaba que todos los ordenadores colapsarían con el cambio de década. No obstante, y a pesar de algunos inconvenientes, algunos de ellos nada despreciables, el escenario apocalíptico que muchos auguraron nunca tuvo lugar.

En definitiva, el ser humano siempre se ha adaptado a los cambios que ha conllevado la tecnología y, sin embargo, resulta difícil encontrar fuentes o personas que nos brinden información respaldada por hechos en lugar de por suposiciones. Esta constatación fue la que me decidió a dar el paso para escribir este libro.

Es importante darse cuenta de que, más allá de los inconvenientes que pueda suponer la implantación de este tipo de herramientas, las IA van a mejorar la calidad de vida de las personas. De hecho, ya hay mucha gente viviendo mejor gracias a ellas, puesto que la inteligencia artificial y los modelos predictivos pueden ofrecer numerosos beneficios si se utilizan de manera responsable y ética.

Si echamos la vista atrás, no hay ejemplo más paradigmático que internet. ¿Cómo pasar por alto los avances y las ventajas que ha traído a nuestra vida cotidiana? Y no estoy hablando de los chistes malos que cuenta Alexa. Estoy hablando de que los motores de búsqueda de la Red, los sistemas de mensajería instantánea y la capacidad de acceder a una amplia gama de servicios a través de nuestros dispositivos móviles, todo ello ha facilitado el trabajo y ha proporcionado una mayor autonomía individual. En ese sentido, no podemos ignorar los beneficios que la tecnología ha aportado al mejorar la eficiencia y brindar una mayor libertad a las personas, no solo en el ámbito laboral, sino también en el personal.

Un abuelo que utiliza WhatsApp puede comunicarse de manera mucho más efectiva con sus nietos que si usara un teléfono convencional. Antes debíamos orientarnos consultando mapas en papel, que no éramos capaces de leer a derechas, y ahora el GPS de nuestros móviles nos lleva a cualquier lado de forma mucho más eficaz. Hace no tantos años, la gente solía enviar cartas al director por correo postal, lo cual implicaba escribir la carta, acercarse al estanco a comprar un sello, llevarla al buzón, etc. Sin embargo, con la disponibilidad de un correo electrónico de recepción, la cantidad de mensajes recibidos se multiplicó exponencialmente. Este cambio tecnológico requirió que los periódicos adaptaran y establecieran nuevos sistemas, como formularios y métodos alternativos de gestión. Estos son los desafíos a los que nos enfrentamos: la capacidad de adaptación, un aspecto estrechamente vinculado con el miedo y la neuropsiquiatría. Ahora, simplemente, nos encontramos en una nueva etapa de transformación. Pero para lograr esta transformación es necesario adoptar una mentalidad de cambio.

En un episodio de la serie *Mad Men*, se plantea una cuestión relevante cuando despiden a un creativo y este se dice a sí mismo: «Si no voy a trabajar por la mañana, ¿quién soy?». Esta frase ilustra una preocupación que aún persiste en nuestra sociedad: la identidad ligada a la dedicación laboral durante largas jornadas. No obstante, nos encontramos en una época en la que ya no tenemos excusas para no conciliar nuestra vida familiar y laboral. El trabajo no se limita a pasar ocho horas en una oficina, ahora tenemos la posibilidad de organizar nuestro horario de forma más flexible: la libertad ya no va a estar vinculada a un horario concreto o a un puesto predefinido.

En este escenario, mucha gente está aprovechando las oportunidades que se le ofrecen. Sería interesante, por ejemplo, analizar cuántos estudios existen sobre la cantidad de personas que han optado por el teletrabajo. La tecnología está teniendo un impacto positivo en las condiciones laborales de los trabajadores. Por ejemplo, en la conciliación familiar. El trabajo remoto se ha convertido en una herramienta invaluable para alcanzar un equilibrio entre la vida personal y profesional, mucho más eficaz que cualquier ley promulgada al respecto. Estamos derribando barreras en términos de conciliación y ampliando nuestras perspectivas de vida: es fundamental entender que nuestra identidad va más allá de nuestro trabajo y las horas que le dedicamos. Por eso, la solución no es implementar medidas como la jornada laboral de cuatro días, sino contar con la libertad suficiente como para poder organizar nuestras tareas por objetivos y dedicarles el tiempo que consideremos necesario.

Personalmente, apoyo la tecnología y el libre mercado, porque la primera desempeña un papel crucial y tiene un impacto en lugares donde existe libre comercio, desarrollo empresarial e innovación. En contraste, aquellos lugares con escasa actividad empresarial, falta de innovación y una débil estructura productiva experimentan un menor progreso.

Por supuesto, no niego que en este proceso habrá personas que se enfrentarán a dificultades. No estamos ante un escenario idílico, en una Arcadia feliz. La vida no es sencilla. Nuestra sociedad, a menudo, nos protege en exceso, creando la ilusión de que todo debe ser fácil y sin contratiempos. Sin embargo, la vida está llena de desafíos y problemas, y, aunque pueda parecer obvio, es necesario recordarlo.

Por lo tanto, si no estás dispuesto a evolucionar, aprender nuevas competencias y emplear nuevas tecnologías, tendrás problemas para trabajar en los próximos años. La mayoría de nosotros, empresarios y empleados, deberemos cambiar la forma en la que entendemos el mundo laboral. Para abordar todos estos cambios, será necesario reevaluar nuestra manera de trabajar, nuestros sistemas educativos y una cultura que, especialmente en los países latinos, nos lleva a valorar en exceso la presencia física en el puesto laboral o a creer que, si alguien está pasando por dificultades, los demás también deben sufrirlas.

Todo cambio trae consecuencias. La cuestión radica en que, en general, los beneficios superen o no a los problemas. Los expertos predicen que la llegada de la tecnología eliminará ochenta y cinco millones de empleos en las próximas décadas, pero al mismo tiempo surgirán casi cien millones de nuevas ocupaciones que antes no existían. Y este es el dato que debemos tener en cuenta.

La inteligencia artificial está dando sus primeros pasos con aplicaciones para monitorear la producción en manufactura y la agroindustria, pero también lo está haciendo en el *retail* para atender a los clientes mediante *chatbots* (programa informático que simula una conversación con usuarios finales humanos). Siguiendo la tendencia global, banca y salud se van sumando con usos que ayudan a identificar riesgos o lograr mejores tratamientos, respectivamente.

En empresas como la mía, Findasense, hemos creado un *hub* de integración de conocimientos donde se emplea la inteligencia artificial para automatizar procesos como la captación y clusterización de datos, por poner solo un ejemplo. Esto muestra cómo la inteligencia artificial está siendo utilizada para impulsar la eficiencia y mejorar la toma de decisiones.

En cualquier caso, más que preguntarnos sobre sus aplicaciones concretas, debemos plantearnos cómo estas nuevas tecnologías impactarán en nuestra forma de organizarnos y crear valor, junto a las normas sociales y los sistemas reguladores de la región, que varían ampliamente según los países integrantes. Por eso propongo encarar la IA como un proceso recíproco: por un lado, hay que entender los cambios que la tecnología produce en nuestros entornos, y, por otro, decidir cómo la utilizamos según los objetivos que nos planteemos.

Como he dicho antes, entiendo los miedos y las preguntas que surgen en este nuevo escenario: ¿Qué será de nuestra privacidad? ¿Pueden las IA discriminar por sesgos? ¿Corre peligro la seguridad de nuestros datos? ¿Qué pasa si mi trabajo lo puede hacer una IA? ¿Quiénes van a tomar las decisiones? ¿Una persona o una IA? ¿En qué lugar deja eso a los seres humanos? ¿Existirá mi profesión en los próximos años? ¿Existirá mi departamento? ¿Existirá mi empresa?

Por eso te animo a acompañarme a lo largo del libro: para descubrir la respuesta a todas estas preguntas y para participar en una transformación activa que hará de ti una persona, empresario y trabajador adaptado a las circunstancias y a la tecnología. Así, cuando el robot llame a la puerta de tu despacho, podrás decirle que se siente a tu lado, pero sin miedo.

1.
De distopía, nada

Son las ocho de la mañana. Mi reloj inteligente me despierta durante una fase de sueño ligera con una suave vibración. Me siento completamente revitalizado. Quizá se deba a mi cama inteligente, la cual ha ajustado su firmeza de acuerdo a mis necesidades.

Mientras me levanto, continúo observando mi reloj. Según los indicadores tecnológicos del colchón, deberé renovarlo dentro de un par de años. Por el momento, esta cuestión no me preocupa. Activo los dispositivos domóticos de mi hogar y me dirijo hacia la cocina para desayunar. En el frigorífico hay melocotones, pero me llaman más la atención las galletas de chocolate favoritas de mis hijas, que están en la encimera.

Mi *smartwatch* emite un aviso: sugiere que elija la fruta y complete el desayuno con una infusión de poleo menta. Es la opción más adecuada según mi analítica, ya que tengo el colesterol un poco alto. Hago caso omiso. Mejor las galletas. Aunque, eso sí, soy consciente de que sería más saludable optar por la fruta. Conozco también la importancia de quemar calorías y de caminar los pasos que me indica mi dispositivo. Quizá lo haga mañana. La tecnología me brinda su ayuda; es como un segundo cerebro, un copiloto. Basándose en mis datos de salud, puede recomendar lo más óptimo para mí según la ciencia actual, pero no me obliga a tomar ninguna decisión. Soy libre de elegir.

Hoy he decidido trabajar desde casa, en la habitación que utilizo como oficina. Una vez sentado en mi escritorio, enciendo el ordenador portátil, conectado a un monitor adicional. La pantalla de inicio del Mac me deslumbra con una luz fría. A mi lado, sobre la mesa, tengo el teléfono móvil y la tableta. En ese momento, alguien llama con los nudillos a la puerta.

—Adelante.

La puerta se abre y en el umbral aparece un androide, una réplica de mí casi perfecta, pero con cuerpo de aluminio en vez de piel y unos llamativos ojos azules.

—¿Puedo pasar? —pregunta.

—Claro.

Entonces, me levanto de la silla y le cedo mi lugar.

Un momento, Rafa. ¿Qué estás diciendo? ¿Ha entrado un robot en tu casa? ¿Es un «gemelo digital» que ha tomado forma física?

No exactamente. Hasta este momento he hecho alusión a tecnologías ya existentes, inteligencias artificiales que facilitan nuestra vida diaria al proporcionarnos información precisa sobre nuestra salud o nuestro entorno. Sin embargo, a partir de ahora comenzaré a especular sobre las posibles consecuencias que deberíamos asumir si la tecnología diera un paso más. ¿Qué ocurriría si una IA me reemplazara en mi puesto de trabajo o lo hiciera con alguno de mis seres queridos, tal y como auguran los pronósticos más catastrofistas?

Vamos a verlo.

Como decía, el androide, al que denominaremos Rafa Copiloto, ingresa en la habitación y ocupa mi silla. Espero que se sienta cómodo a pesar de la estructura de aluminio de su cuerpo. Le cedo mi teléfono y mi ordenador, otorgándole acceso al correo electrónico y a todas mis herramientas. Decido ubicarme en otra silla, al lado de la ventana, y observarlo sin intervenir, como si mi presencia no tuviera relevancia. En este momento, él es el responsable máximo, el presidente del Consejo de Administración de Findasense. Veremos si realmente es capaz de reemplazarme. No puedo negar que estoy inquieto. ¿Y si lo hace mejor que yo y me quedo sin trabajo, tal como tantos medios de comunicación predicen que pasará?

Desde donde estoy puedo verlo y también parte de la pantalla del ordenador. El androide abre el correo electrónico y revisa los mensajes de WhatsApp. Suelo trabajar siguiendo indicadores clave de rendimiento y de los objetivos que le he marcado, y parece que él organiza su jornada de manera similar a la mía, basándose en los e-mails y mensajes recibidos ese día o el anterior. Comienza examinando los informes financieros. Luego, analiza los datos de ventas y realiza proyecciones para identificar áreas de mejora y oportunidades de crecimiento. Sé que está utilizando algoritmos avanzados para optimizar los procesos y reducir los costes. Rafa Copiloto mueve los ojos azules de un lado a otro de la pantalla y teclea con sus dedos metálicos a una velocidad de vértigo. Desde luego, se concentra mejor que yo. No necesita una música de concentración para tener foco.

El robot está totalmente absorto en su labor cuando suena una notificación en mi teléfono móvil. Se trata de un recordatorio de la reunión del Consejo de Administración. A pesar de que he decidido no intervenir, me levanto y me acerco un poco más a él, con la curiosidad propia de saber cómo se desenvolverá durante el encuentro por videoconferencia.

Todos los miembros del Consejo de Administración están al tanto del experimento, por lo que no se asombran al ver a mi doble y sus deslumbrantes ojos azules. Durante los primeros minutos, mi gemelo digital proporciona informes detallados y análisis basados en datos en tiempo real. Presenta gráficos y estadísticas relevantes para respaldar la toma de decisiones estratégicas. Todo va bien; va tan bien que vuelvo a preocuparme: ¿Y si es capaz de sustituirme?

Sin embargo, en un momento dado, le oigo decir: «Según un informe de Harvard y el perfil de las empresas estadounidenses, sería necesario seguir esta estrategia para vender nuestros servicios». Y despliega como documento compartido un gráfico que ha elaborado en un periodo de tiempo extremadamente corto.

«Hombre, pero estamos en España», dice el consejero delegado. Rafa Copiloto se pone a pensar y por un momento me da la sensación de que se va a quedar «colgado», como los ordenadores de no hace tantos años. Sin embargo, eso no sucede; tarda poco en contestar que solo tiene los datos de Estados Unidos. No es extraño: la información que puede indexar es la que está en internet, y hay estudios sobre Estados Unidos, pero no sobre España. Aquí es donde tengo que acudir en su auxilio, aunque me había prometido no hacerlo: le hablo de nuestros clientes, de sus gustos y preferencias, y también sobre las estrategias de *marketing* en nuestro país. «El carácter español es muy diferente del anglosajón», digo. El androide asiente, aunque no me queda claro que haya entendido bien a qué me estoy refiriendo con el término «idiosincrasia hispana».

Con la nueva información que le he proporcionado, es capaz de proponer estrategias más cercanas a la realidad de nuestro mercado. Aun así, le cuesta entender el contexto. Lo que presenta es como un manual teórico, pero poco práctico, y cuando la reunión acaba, tengo la sensación de que el Consejo de Administración no está del todo satisfecho.

Decido probarlo en una tarea más sencilla: solicitar unos informes que encargamos hace unos días a los empleados. Mi gemelo digital se conecta por medio de videoconferencia con el responsable del área y le pregunta si ya tiene disponibles los documentos, a lo que él responde que ha fallecido el padre de uno de los trabajadores y no ha sido posible. El robot expresa sus más sinceras condolencias de acuerdo con el protocolo, pero insiste en la entrega del trabajo a lo largo de la jornada de mañana, la fecha prevista.

El responsable de área intenta explicar nuevamente las circunstancias, sin obtener ningún aplazamiento. Me siento tentado de intervenir, aunque finalmente me abstengo. Deseo conocer hasta qué punto puede llegar. Y lo que ocurre no me sorprende: el encargado cede finalmente y se compromete a cumplir con lo acordado, aunque se aprecia la angustia en su rostro.

Mientras yo regreso a mi silla al lado de la ventana y reflexiono sobre su actitud, él no parece muy preocupado; enseguida comienza una reunión con una empresa argentina para tratar asuntos relacionados con *procurement*, es decir, la adquisición y venta de empresas. Ahora, se enfrenta al reto de lograr la mejor transacción de compra. Su voz metálica se escucha claramente. Analiza los datos: argumenta sobre la posibilidad de pagar un 30 % menos por ello, ya que sostiene que el valor que especifican los dueños no es realista. Cuando se trata de negociar un contrato de compras en el que solo está en juego el aspecto monetario, Rafa Copiloto demuestra ser un *crack*. No obstante, en toda compra existen elementos emocionales que pueden inclinar la balanza hacia aquel que ofrezca un trato más humano.

Un ejemplo es el proceso de adquisición de Waze,[2] que tuvo lugar en 2013. Waze era una aplicación de navegación muy parecida a Google Maps, incluso mejor, porque registraba el tráfico en tiempo real. Además, en países como

2. https://www.waze.com/es/live-map/

Costa Rica, donde muchas ciudades no tienen nombres de calles convencionales, funcionaba muy bien. La cuestión es que mucha gente se preguntó por qué su propietario se la vendió finalmente a Google, cuando Facebook y Apple también habían mostrado interés y ofrecido buenas condiciones. La respuesta fue la conexión personal. El propietario optó por transferir su empresa a aquel con quien sintió que tenía un mayor entendimiento. El cálculo de dinero, clientes y márgenes, aunque importante, pasó a ser secundario. Y ese es el riesgo al que se enfrenta mi gemelo digital a la hora de comprar una empresa: probablemente, el vendedor elegirá a un ser humano con el que pueda establecer una conexión personal.

Mi sustituto concluye la reunión y ni siquiera se levanta para tomar un vaso de agua: ahora tiene un encuentro con el CEO de una importante empresa con el propósito de asegurar nuestra contratación para su estrategia de comunicación y *marketing*. La IA se enfoca en objetivos concretos y medibles. Le presenta a nuestro cliente potencial la cantidad de medios en los que aparecerá si contrata nuestro producto, así como el aumento estimado de las ventas. Muestra datos claros, varios modelos y escenarios, y realiza cálculos basados en las variaciones publicadas en Bolsa. Aquí es donde vuelven a surgir mis preocupaciones: es muy competente a la hora de manejar cifras concretas.

No obstante, pronto me doy cuenta de que no conoce los intereses y aficiones del CEO de la empresa. No es capaz de establecer un enfoque concreto y personalizado, ni sabe qué conexiones emocionales utilizar. Aunque posee toda la información de la compañía, carece de los matices y detalles que determinan a qué puede ser más receptivo. Desconoce qué aspectos podrían interesarle más, aspectos que yo sí soy capaz de deducir basándose en mi experiencia, acumulada a lo largo de muchos años trabajando en este campo y tratando con personas muy diversas.

Al concluir la jornada, la inteligencia artificial no lo ha hecho tan mal: ha generado informes minuciosos que resumen las actividades, los logros y los desafíos del día. Rafa Copiloto se levanta de la silla, se despide y sale por la puerta de la habitación. No lo invito a cenar por motivos obvios, y eso, si lo pensamos, también es un hándicap: ¿cuántos buenos acuerdos surgen de las comidas o cenas de trabajo, de las reuniones informales en un restaurante?

Bromas aparte, no es una coincidencia que en innumerables ocasiones se nos haya advertido acerca de la ausencia de emociones de los robots o las IA. Tengo que reconocer que determinadas películas y series de ciencia ficción no han errado en este aspecto: la carencia de empatía, experiencias y sentimientos es lo que evitará que las herramientas generadas mediante inteligencia artificial puedan reemplazar al ser humano en un futuro próximo.

La IA no puede percibir cómo se encuentra una persona en un momento dado, ni reconocer cuándo es apropiado ser más o menos exigente. La máquina es infalible en todo lo relacionado con el procesamiento de información, es un «ser estadístico» impresionante, pero, en el ámbito de las interacciones personales, el trato directo resulta fundamental, y ahí es donde radica mi valor. Mi gemelo digital no podrá reemplazarme al frente del Consejo de Administración de Findasense, y no voy a negar que eso me genera un cierto alivio.

Hay un diálogo de la película *El indomable Will Hunting* que transmite muy bien lo que quiero decir. En este film, protagonizado por Matt Damon y Robin Williams, se cuenta la historia de un chico con altas capacidades intelectuales que, a lo largo de su vida, ha visitado a numerosos psicólogos debido a su naturaleza rebelde y ninguno ha logrado avances significativos; siempre acaba vacilando a los especialistas con sus conocimientos y su retórica.

De pronto, recala con un psicólogo fuera de lo común, que le dice lo siguiente: «Eres un genio, Will, eso nadie lo niega. Pero, en realidad, no tienes ni idea de lo que hablas. Si te pregunto algo sobre arte, me responderás con los datos de todos los libros que se han escrito. Miguel Ángel..., lo sabes todo. Vida y obra, aspiraciones políticas, su entrevista con el Papa, su orientación sexual, lo que haga falta... Pero tú no puedes decirme cómo huele la Capilla Sixtina. Nunca has estado allí y has contemplado ese hermoso techo. No lo has visto. Si te pregunto por las mujeres, supongo que me darás una lista de tus favoritas [...]. Pero no puedes decirme lo que se siente cuando te despiertas junto a una mujer y te invade la felicidad [...]. Si te pregunto por la guerra probablemente citarás algo de Shakespeare, *de nuevo en la brecha, amigos míos*, pero no has estado en ninguna.

Nunca has sostenido a tu mejor amigo entre tus brazos, esperando tu ayuda mientras exhala su último suspiro».

Si extrapolamos esta escena a las inteligencias artificiales, estas serían como Will Hunting: son máquinas o herramientas capaces de dar el dato más preciso, de hacer los cálculos más ajustados o discutir sobre centenares de temas diferentes, porque conocen todos los teoremas y tienen acceso a la información de la Red, y además son capaces de aprender. Solo tenemos que recordar aquella primera supercomputadora, Deep Blue, que ganó al campeón mundial de ajedrez Gary Kaspárov en 1996. Pero no tienen experiencias, no tienen sentimientos. Y no los pueden fabricar, solo imitar. Es similar a la existencia de una playa en Madrid, o de un complejo como Xanadú, donde es posible esquiar, y sin embargo no es comparable a una pista de esquí real en los Alpes, al aire libre. La experiencia no es equiparable. Aunque es posible que las nuevas generaciones, si no van nunca a los Alpes, no perciban el cambio. Es como un celíaco desde niño, no sabe apreciar la diferencia entre un pan con gluten y otro sin gluten. Pero, en general, todos podemos entender que no es lo mismo.

Programar una IA con los matices suficientes como para que interactúe igual que un ser humano es realmente complejo. No puedo predecir si las circunstancias serán diferentes dentro de un siglo, si los avances en la investigación sobre las IA lograrán dotarlas de experiencias o sentimientos entonces. Lo que está claro es que eso no ocurrirá en los próximos cinco o diez años, y eso es lo que importa. Por ello, no hay que tener miedo a integrar las nuevas tecnologías en nuestras empresas.

Nosotros, en Findasense, somos *innovation lovers*. A pesar de nuestros miedos iniciales, decidimos investigar, tomar conciencia de los riesgos reales e incorporar este tipo de tecnología a nuestro día a día. No podíamos quedarnos fuera, no experimentar de primera mano la revolución tecnológica que está por venir o, mejor dicho, que ya está aquí. Quiero dejar claro que no es que debamos implantarla simplemente porque nuestros miedos sean infundados; hay que ser conscientes de sus enormes ventajas, de que el mundo del futuro se aleja de los sórdidos ambientes *cyberpunk* de los años ochenta y noventa, reflejados en películas tan míticas como *Blade Runner* o en la música de Front 242. No hay que caer tampoco en tópicos de mundos ideales, impolutos y perfectos. Lo que sí puedo decir es que estoy en contra de la fatalidad.

Como bien describe Sergio Maldonado, cofundador y director ejecutivo de PrivacyCloud, en la entrevista que le hice para este libro, «exageramos con el elemento de revolución. En realidad, de lo que se trata es de que a la estadística avanzada que ya teníamos le hemos añadido computación avanzada. No deja de ser estadística con esteroides. Al llamarlo IA parece humano, lo estamos humanizando, le hemos dado un corpus de valor. Hemos creado una burbuja alrededor de algo que es solo una evolución».

Para mí, la IA es un copiloto, y me gusta utilizar esta palabra porque la define como una persona de apoyo que resolviera problemas y trabajase bajo mi supervisión; un asesor al que le puedo consultar cosas, pero que nunca podrá sustituirme del todo. Da igual a través de qué tipo de dispositivo lo configure: no importa si son unas gafas *Visión Pro* de Apple, si es un *smartwatch*, un *smartphone* u otra terminal de *hardware*. No es relevante si la herramienta se llama PowerPoint, Word, Chat GPT, Zoom o Face-Time. Lo importante es que tendremos recursos de todo tipo en función de nuestros proyectos.

En este sentido, es necesario remarcar que las fronteras entre lo personal y lo profesional se van a diluir cada vez más. En mi caso, mi ocio se conecta con mi trabajo. Mi profesión es mi pasión, es parte de mi propósito, por así decirlo, de vida. Todos deberíamos caminar en esta dirección y abandonar los trabajos repetitivos y automáticos. Hay que permitir que sean las IA las que hagan esas tareas y dedicarnos a labores que realmente nos llenen, que no nos importe conjugar con nuestra vida personal. ¿Puede que el miedo se dé porque hay personas que no saben qué hacer con su vida?

Porque, aunque no queramos que ocurra, labores como introducir datos en un ordenador, calcular porcentajes o copiar y pegar teletipos acabarán siendo asumidas por las inteligencias generativas. No voy a mentir: aquellas personas que lleven a cabo este tipo de trabajos sin valor añadido se verán sustituidas por máquinas. Su función es, pues, reciclarse y adaptarse a los nuevos empleos que van a surgir con la implantación de las nuevas tecnologías, que probablemente les resultarán más gratificantes. Muchas empresas ya están probando estos desarrollos y, paulatinamente, veremos cambios realmente disruptivos. Esta es quizás una palabra muy manida, y sin embargo es adecuada para indicar cómo nuestra manera de entender los negocios se transformará radicalmente. La generación de contenido automático va a ser brutal en los próximos años. Eso no significa que nos espere una distopía sin espacio para el trabajo humano. Sin duda, las innovaciones tecnológicas que tienen lugar en estos momentos van a provocar tensiones, al igual que se produjeron en los años sesenta con la introducción de la robotización industrial; lo importante es tener en cuenta que el juego económico no es un juego de suma cero, es decir, el objetivo no es repartir el mismo pastel de diferentes maneras, sino que el pastel crezca o que se multiplique. Y eso es lo que conseguirá la implantación de las inteligencias artificiales: que aumente la riqueza, que la economía mejore y haya más pastel para repartir.

Por este motivo, se están abriendo multitud de posibilidades para todas las empresas, y más para aquellas que nos dedicamos a la creación de contenidos. Las redes neuronales generativas son capaces de producir texto, imágenes, música y vídeo, lo que puede ahorrar tiempo y esfuerzo en el sector. ¿Eso significa que la IA puede hacerlo sola? Ya hemos visto que no. Se trata solo de una ayuda que necesita ser supervisada, pero una ayuda enorme para el mundo creativo: es un nuevo set de herramientas para producir y diseñar.

En definitiva, podríamos resumir las competencias de las IA generativas en las siguientes:

1. La automatización de tareas repetitivas, como la generación de informes o la creación de diseños.
2. La asistencia virtual para tareas cotidianas, como programar citas o hacer recomendaciones de compras. Se van a acabar los sistemas «no humanos» como Alexa o Siri: la comprensión ha avanzado de una manera espectacular. Aunque a Renfe aún no ha llegado, lo siento.
3. La traducción automática de texto de un idioma a otro. Empresas como DeepL llevan ya varios años desarrollando tecnología más allá del mítico traductor de Google.
4. Los análisis de datos: las IA generativas pueden analizar grandes cantidades de datos y generar informes automatizados. Otro buen ejemplo de conexión de herramientas. El *business intelligence* va a ser más accesible, rápido y eficiente.
5. La producción automática de código a partir de especificaciones. Esta competencia supondrá un gran salto cualitativo, puesto que ya se están consiguiendo líneas de código perfectamente diseñadas.
6. La personalización de productos, como el diseño de una joya o de tu próximo Tesla.
7. La generación de nombres, empresas o marcas de manera automática. Es posible que las compañías dejen de

usar Interbrand, aunque quizá solo sirvan para testar de manera más eficiente nuevos productos y marcas.

8. La elaboración de noticias, que tendrá como posible consecuencia el fin de la labor de aquellos medios o webs que se limitan a reproducir a través de un «corta-pega» los teletipos de las agencias o hacen un «refrito» de varios de ellos. Lo más probable es que aparezcan medios con noticias automáticas mejor construidas y más entendibles que algunas de las que encontramos hoy en internet.

9. La búsqueda de información. En los próximos años, Google será muy distinto a cómo es ahora. Interactuaremos con los buscadores de otra manera, en lenguaje natural. En este sentido, los negocios basados en las búsquedas y en el posicionamiento en Google van a cambiar mucho. Veremos grandes transformaciones en la industria del turismo, el consumo o la restauración, por poner algunos ejemplos.

10. La creación de contenidos digitales. Los especialistas tienen ya un nuevo aliado, más rápido y eficiente, para llevar a cabo su trabajo. Puedes probarlo tú mismo utilizando búsquedas de texto o bien combinando varias imágenes en Dall-e.

Estos son solo unos cuantos casos de uso, que se actualizan constantemente. En una charla que he mantenido con Ada Heinrich, esta inversora de Humane y OpenAI me ha comentado que «la aplicación más prometedora de la IA es en empresas tradicionales en B2B, sobre todo en la cadena de suministro, en *marketing* y en recursos humanos».

En mis empresas ya estamos utilizando todas estas competencias. Cada día habrá más y más aplicaciones, y cualquier empresa que se precie no puede quedarse fuera si quiere sobrevivir. Las IA están para hacernos la vida más fácil, no para darnos quebraderos de cabeza. Soy consciente de que los retos que se nos presentan no son fáciles. ¿Cómo nos adaptaremos para no perder valor? Si nuestro trabajo es repetitivo y automático, ¿cómo podemos reinventarnos? Las opciones existen, están ahí, y las vamos a ver en las siguientes páginas.

2.
La inteligencia positiva

Los países que más desarrollan la tecnología y la ciencia y, en consecuencia, por ejemplo, cuentan con mayor número de robots, son los que menos desempleo tienen. Y, al contrario, cuanto menor es el índice de robotización, mayor es el porcentaje de paro. Pongamos el caso de Corea del Sur, donde educación y tecnología van de la mano. El progreso y avance de este país está fuertemente impulsado por su educación, percibida como clave para el crecimiento económico:

1. La inversión en educación es significativa: el gobierno le asigna cerca del 7 % de su PIB y las familias gastan alrededor de 400 euros mensuales en educación secundaria.
2. A pesar de los cambios políticos, las leyes educativas se mantienen estables, aunque los planes de estudio se actualizan cada cinco años para alinearse con las necesidades del país.
3. Los docentes, altamente valorados, provienen de los mejores graduados y enfrentan evaluaciones anuales.

4. Además, se prioriza la tecnología, con especial enfoque en la competencia digital y capacitación de profesores en TIC para su integración en la enseñanza.

5. Los estudiantes tienen jornadas extensas: superan las diez horas diarias entre escuela y academias, por lo que exceden en más de dieciséis horas semanales la media de la OCDE.[3]

Está demostrado que el sector tecnológico genera más puestos de trabajo que cualquier otro recurso, de ahí que el temor a la destrucción de empleos, siendo legítimo, no tiene una razón de ser, dado que el drama que nos quieren vender no es tal drama. De la misma manera, es poco probable que acabemos enamorándonos de una IA como en la película *Her* (no me quiero ni imaginar las complicaciones adicionales que un amor de este tipo agregaría a una relación convencional) o que todos nos hagamos adictos al Metaverso y nos olvidemos del mundo real. Todo es complementario. Las predicciones más oscuras de algunos capítulos de la serie *Black Mirror*, como la imagen de los perros guardianes robóticos que acosan a las personas, difícilmente se materializarán. Como me ha comentado Ada Heinrich, una de las primeras inversoras de OpenAI, «yo creo que definitivamente hay un *hype*. Pero los inversores tienen que encontrar la forma de invertir si quieren hacerlo. No obstante necesi-

3. https://es.theglobaleconomy.com/South-Korea/Education_spending/

tan más experimentación, no sabemos cuáles van a funcionar todavía. Creo que hay un potencial de interacción, cruzar *blockchain* general con inteligencia artificial».

La presencia de la inteligencia artificial en nuestras vidas es un hecho desde hace mucho tiempo, especialmente desde la consolidación de internet. Tenemos a nuestro alrededor multitud de máquinas que aprenden de nosotros, es decir, que realizan *machine learning* o incluso *deep learning*. Es frecuente, sobre todo, en los hábitos de consumo: Amazon nos sugiere determinados productos, mientras que Spotify nos recomienda música afín a nuestras preferencias. Aunque a veces este último nos cuele alguna canción de reguetón, no parece que vaya a tener consecuencias más graves.

Si echamos la vista atrás, el inicio de este desarrollo tuvo lugar en el año 1948, cuando Alan Turing creó un programa de ajedrez capaz de disputar partidas de nivel básico. Posteriormente, en 1956, John McCarthy, profesor de la Universidad de Dartmouth, concibió la idea de investigar la posibilidad de que las máquinas pudieran pensar y aprender por sí mismas. Durante ese verano dedicó todos sus esfuerzos a esta empresa y logró organizar un seminario con la participación de diez expertos. A pesar de que los resultados no cumplieron sus expectativas iniciales (bastante optimistas, por cierto), este evento marcó el nacimiento de un campo académico que transformaría las reglas del juego.

En 1959, Arthur Samuel desarrolló el primer programa capaz de jugar al *checkers*, similar a las damas españolas, a un nivel avanzado. Lo más destacado de este programa radicaba en su capacidad para perfeccionar sus habilidades partida a partida, y para el año 1962, una versión mejorada logró superar a varios maestros en este juego. Asimismo, no podemos pasar por alto el sistema Dendral, que en 1967 demostró su capacidad para interpretar datos químicos como un experto en la materia.

Con el progreso de la inteligencia artificial, los enfoques se diversificaron. Algunos intentaron llevar a cabo la codificación del conocimiento humano, mientras que otros, inspirados por nuestra propia inteligencia, se dedicaron a crear sistemas que tenían la capacidad de aprender y evolucionar. De esta manera, las máquinas empezaron a adquirir habilidades que, hasta entonces, eran exclusivas de los seres humanos.

El aprendizaje profundo, o *deep learning*, de gran relevancia en la actualidad, no es una idea nueva. Este campo, que permite a las máquinas aprender de manera autónoma a partir de errores y la información que reciben, se fundamenta en redes neuronales artificiales, inspiradas en el funcionamiento del cerebro humano. Aunque sus primeros avances datan de la década de 1950, posteriormente cayeron en desuso hasta que, en 1986, el profesor Geoffrey Hinton, de la Universidad de Toronto, demostró la utilidad de la *retropropagación* (un algoritmo que ajusta conexiones) para entrenar redes neuronales profundas. Sin embargo, transcurrieron otros veintiséis años antes de que el aumento en la capacidad de procesamiento computacional validara este descubrimiento.

Un artículo publicado por Hinton y dos de sus estudiantes, en 2012, lo cambió todo y sirvió para dejar asombrados a los asistentes a una competición de ImageNET.[4] Esta competición tenía como objetivo resolver un problema de clasificación de imágenes en mil categorías distintas. Hasta entonces, el error obtenido por los mejores programas alcanzaba el 30 %. Las redes neuronales profundas entrenadas mediante retropropagación superaron a los sistemas más avanzados e hicieron descender el margen de error a menos del 15 %. Esta evolución resultó impresionante, y empresas líderes como IBM, Microsoft y Google demostraron luego que el aprendizaje profundo podía revolucionar el reconocimiento de voz. Como resultado, las compañías tecnológicas empezaron a competir por la contratación de expertos en este campo.

En cualquier caso, las inteligencias artificiales de este tipo no nos asombran de la misma manera que las generativas, como el Chat GPT de OpenAI, debido a su naturaleza lineal. Podemos consultar a Alexa o a Siri acerca del pronóstico del tiempo o el resultado de un partido de fútbol, pero en cuanto nos salimos de esos parámetros, estas plataformas suelen bloquearse o proporcionar respuestas limitadas. No nos vamos a engañar: ha habido una gran decepción con esta tecnología, que parecía, en un principio, revolucionaria. Todas estas herramientas se encontrarían

4. https://www.technologyreview.es/s/12820/el-aprendizaje-profundo-va-ser-capaz-de-hacer-cualquier-cosa

dentro de la primera de las dos categorías en las que se divide la inteligencia artificial: la inteligencia artificial limitada o débil (ANI, por sus siglas en inglés, *Artificial Narrow Intelligence*). Es la forma más básica de IA y se enfoca en tareas específicas. Las ANI realizan trabajos repetitivos dentro de un rango predefinido y se entrenan con grandes conjuntos de datos. Pueden igualar o superar a la inteligencia humana en su área específica de operación, pero no pueden realizar otras tareas.

Más allá de este hecho, son IA que hemos normalizado porque han registrado un crecimiento sostenido en el tiempo. Pueden sorprender a nuestros abuelos, cuya experiencia tecnológica en su juventud se limitó a un reloj de manecillas, pero, para el resto de nosotros, su evolución ha sido tan gradual y constante que las hemos aceptado como un proceso natural. Por el contrario, las inteligencias artificiales generativas sí han desencadenado una auténtica revolución al penetrar al nivel del usuario como nunca antes; que una herramienta sea capaz de generar un texto, una imagen o un vídeo a partir de breves instrucciones supone un cambio significativo.

Chat GPT, Dall-e, Gemini, AlphaCode y otras aplicaciones han alcanzado un nivel de calidad tal que son prácticamente indistinguibles del trabajo humano, y ya son empleadas por miles de personas para realizar sus tareas cotidianas. Solo hay que ver los datos: en dos meses, Chat GPT obtuvo cien millones de usuarios activos, un logro que a la popular aplicación TikTok le llevó nueve meses alcanzar, mientras que Instagram necesitó dos años y medio, según información proporcionada por la firma de análisis Similarweb y la empresa de seguimiento tecnológico Sensor Tower, recogida por la agencia de noticias Reuters.[5, 6]

Hay otro factor a tener en cuenta, y es la sensación de que estamos conversando de verdad con un ser inteligente. Lo explica muy bien el escritor estadounidense de ciencia ficción Ted Chiang en un artículo publicado en *The New Yorker*.[7] «El hecho de que Chat GPT reformule el material de la web en lugar de citarlo, hace que parezca [...] que expresa ideas con sus propias palabras, en lugar de simplemente regurgitar lo que ha leído; crea la ilusión de que entiende el material. En los estudiantes humanos, la memorización no es un indicador de un aprendizaje genuino, por lo que la incapacidad de Chat GPT para producir citas exactas de las páginas web es precisamente lo que nos hace pensar que ha aprendido algo».

Esa impresión no la hemos tenido en ningún caso con Alexa y Siri, ni siquiera cuando le preguntamos si quiere salir con nosotros y responde con alguna ocurrencia más o

5. https://www.reuters.com/technology/chatgpt-sets-record-fastest-growing-user-base-analyst-note-2023-02-01/

6. https://www.visualcapitalist.com/threads-100-million-users/

7. https://www.newyorker.com/tech/annals-of-technology/chatgpt-is-a-blurry-jpeg-of-the-web?s=08

menos divertida. Resulta lógico, por tanto, que una gran mayoría de personas en nuestro país tenga miedo del supuesto poder de las IA. Sin embargo, como bien señala Chiang en el mismo artículo, Chat GPT es más bien un algoritmo comprimido, un *jpg* borroso que no reproduce exactamente lo que indexa, sino solo una parte. Y eso no es bueno ni malo, simplemente no se corresponde con la percepción general.

No obstante, es importante señalar que existe preocupación en relación con la posibilidad de que esta categoría esté próxima a la Inteligencia Artificial General (IAG), también conocida como «fuerte». La IAG se alcanza cuando una máquina posee capacidades equiparables a las de un ser humano y es capaz de llevar a cabo cualquier tarea intelectual que este pueda realizar. Representa la etapa más avanzada de la inteligencia artificial y, en teoría, aún no se ha logrado alcanzar. Algunos expertos abogan por detener el entrenamiento de programas más poderosos que los actuales, como GPT-4, debido a la preocupación de que puedan acercarse a la IAG.

Existe incluso una hipótesis llamada *El riesgo existencial de la inteligencia artificial general*, que considera que un progreso sustancial en esta tecnología podría llevar a la humanidad a la extinción o, como mínimo, a una catástrofe global. Personalmente, estoy totalmente en contra de esta hipótesis, por varios motivos.

En primer lugar, no es probable que lleguemos a una IAG de un día para otro. El progreso gradual nos daría tiempo para entender y mitigar los riesgos asociados con cada avance. Además, sería posible diseñarlas con restricciones y salvaguardas intrínsecas que eviten comportamientos no deseados o peligrosos. Asimismo, podrían ser programadas para tener objetivos alineados con los intereses humanos y para consultar a los humanos antes de tomar decisiones de gran alcance.

Lo más probable es que la IAG actúe en colaboración con nosotros en lugar de en nuestra contra, especialmente si se desarrolla en un entorno cooperativo y con objetivos alineados. Incluso podría ser que reconociera los riesgos asociados con su propia existencia y optara por autolimitarse o incluso desactivarse, llegado el caso. Por otro lado, y teniendo en cuenta que seguramente existirán múltiples sistemas de IAG, desarrollados por diferentes entidades y con objetivos variados, esta diversidad podría actuar como una forma de balance y control, donde un sistema podría intervenir si otro comienza a actuar de manera problemática.

A lo largo de la historia, la humanidad siempre ha enfrentado temores sobre nuevas tecnologías (como la electricidad o la energía nuclear) que se pensaba que podrían llevar a la catástrofe. Y, aunque presentan riesgos, hemos demostrado ser capaces de gestionarlos y mitigarlos con éxito.

Sea como sea, la inteligencia artificial se encuentra en un período de expansión sin precedentes y no muestra indicios de desaceleración. Gracias a los avances en el ámbito del *hardware*, la proliferación de cursos de aprendizaje automático y numerosos proyectos de código abierto, está conquistando campos tan diversos como la seguridad nacional o la medicina.

Un caso paradigmático es el de DeepMind.[8] Fundada en el año 2010 por un grupo de científicos, ingenieros y expertos en tecnología ética, esta empresa de investigación se ha propuesto alcanzar el máximo potencial de la inteligencia artificial. No solamente ha logrado grandes avances en la resolución de videojuegos, sino que, en el año 2020, presentó al público AlphaFold, un programa capaz de predecir las estructuras de las proteínas, una tarea compleja incluso para los propios científicos. En la actualidad, Deep-Mind se encuentra en la vanguardia de la lucha contra enfermedades desatendidas, incluyendo la covid-19.

En la entrevista que hice a Ignacio Fuentes, director ejecutivo del MIT Jameel Clinic - AI & Health, le pregunté por el diagnóstico de cáncer: «En cualquier tipo de los que trabajamos, como el de mama o el de pulmón, que es el *big killer*, tenemos una previsión muy buena incluso a seis años. No me atrevería a decir que vamos a curar el cáncer, pero al menos conseguiremos que sea una enfermedad crónica como el sida. ¿Cuándo? No dentro de mucho, pero dependerá del tipo de cáncer».

El campo médico es uno de aquellos en los que la IA tiene mayor potencial, pero no es el único. El centro tecnológico Tekniker,[9] situado en España, concretamente

8. https://deepmind.google
9. https://www.tekniker.es/es

en Eibar, ha desarrollado una herramienta para la detección de características y defectos en los plátanos, además de optimizar su proceso de maduración mediante el procesamiento de imágenes. Asimismo, han desarrollado un olfato artificial capaz de analizar las sustancias presentes en el aroma de los alimentos, logrando incluso la diferenciación entre muestras de jamón ibérico alimentado con bellota y alimentado con pienso. Eso es más de lo que pueden distinguir los paladares menos exigentes, desde luego.

Además, la IA también presenta una amplia gama de aplicaciones, como la mejora del rendimiento académico de los estudiantes, la protección contra infestaciones de carcoma y termitas en obras de arte, la mitigación de la contaminación del agua, la reconstrucción de ciudades históricas como Pompeya, o la creación de muñecas para conversar con personas que se enfrentan a la soledad, entre otros ejemplos. Estas posibilidades son prácticamente ilimitadas y prometen enriquecer nuestra calidad de vida.

Existen también manifiestos filosóficos provocativos promoviendo el tecno-optimismo. El más notable es el manifiesto tecno-optimista del inversor Marc Andreessen,[10] quien ha declarado que «la tecnología es la gloria de la ambición y logro humano, la punta de lanza del progreso y la realización de nuestro potencial». Estoy de acuerdo con él.

10. https://www.axios.com/2024/01/30/techno-optimist-silicon-valley-us-elections

Aunque, obviamente, hay movimientos contrarios como los de Nellie Bowles y Kara Swisher, que enriquecen el debate sobre la tecnología y la sociedad.

La IA va a llevarlo todo a otro nivel. Para Ignacio Fuentes, «estamos viendo determinadas terapias en el tratamiento del cáncer que están empezando a funcionar y con las IA esto nos va a lanzar a otro nivel, donde poco a poco vamos a ir viendo soluciones gracias a la interacción entre los diferentes mundos profesionales, el mundo de la biología y el mundo computacional, que podría hacernos más eficientes. En cualquier caso, la calidad del dato es determinante; si los datos con los que trabajan son buenos, en el caso de la salud, el resultado será superior, si no el resultado será mediocre y perderemos oportunidades».

La propagación del uso de la inteligencia artificial generativa se ha extendido tanto, de forma masiva y tan rápidamente que Chat GPT ha sido uno de los términos más buscados en Google en el año 2023. Incluso me he encontrado con jóvenes que acababan de terminar sus estudios universitarios y estaban buscando un empleo por el que comenzar su carrera profesional que declaraban y declaran no saber usar Excel o Word con un nivel elevado, pero se sentían muy cómodos trabajando conjuntamente con Chat GPT como ayuda para generar ideas o evocar nuevas a partir de un *prompt* poco refinado. Siendo así, ¿será Chat GPT (y el resto de programas de IA generativa) el equivalente al «paquete Office nivel intermedio» de los CV de los próximos años?

Incluso sin adentrarnos en estos ejemplos tan curiosos, cuenta con un papel relevante en nuestro día a día, brindándonos apoyo en una variedad de tareas cotidianas. Algunos ya los he mencionado, pero me parece interesante dejar aquí una lista para que seamos conscientes de hasta qué punto la inteligencia artificial está ya integrada en nuestra vida cotidiana.

Treinta ejemplos de inteligencia artificial que nos facilitan la vida

1. **Tu amigo el *chatbot*.** Siempre estamos consultando a las personas que tenemos a nuestro alrededor para que nos aconsejen. Ahora, puedes mantener conversaciones en tiempo real con *chatbots* como Chat GPT que te hagan la vida más fácil. Pueden realizar diversas tareas, desde escribir publicaciones de blog hasta responder a las preguntas de un estudiante, diseñar jardines o planificar entrenamientos, planear un menú adaptado sin gluten o hacer regalos personalizados. También te puede ayudar a encontrar ideas si eres escritor. Cualquier tarea que se te ocurra puedes preguntársela a un *chatbot*. No te sorprendas, pero para escribir este libro me he ayudado de herramientas como Chat GPT, por ejemplo.
2. **Busca y encuentra.** Los motores de búsqueda de internet utilizan IA para personalizar los resultados según tu historial y las actividades anteriores que hayas llevado a

cabo. Si encuentras rápido lo que quieres, ya sabes gracias a quién es.

3. **Reserva mesa en tu restaurante favorito.** Google Duplex es un servicio de IA que puede reservarte tu mesa preferida. Hold For Me, por su parte, maneja las llamadas en espera. Otra cosa es que acierte con tu nombre a la primera.

4. **Reconocimiento óptico.** Google Lens utiliza IA para el reconocimiento óptico de objetos y texto en imágenes. Ideal, sobre todo, para las personas invidentes.

5. **Detección de caídas y accidentes automovilísticos.** Los relojes Apple utilizan IA para detectar caídas y los teléfonos de Google y Apple tienen detección de accidentes automovilísticos.

6. **Monitoreo de redes sociales.** Los algoritmos usan la IA para seleccionar notificaciones y contenidos en redes sociales y adaptarlos a ti. ¿Para qué ver anuncios que no te interesan? Puede que gracias a la personalización, encuentres justo lo que estabas buscando.

7. **Compra, compra.** Amazon y Netflix, por poner dos ejemplos, utilizan IA para hacer recomendaciones de tu interés. Más cómodo, imposible.

8. **Asistentes personales.** En este listado no podían faltar Cortana, Siri, Alexa o Google Assistant, que nos ayudan a interactuar con dispositivos informáticos y aprenden del lenguaje humano. Google Home y Amazon Echo permiten, además, reproducir nuestra música favorita o la fecha de nuestro aniversario, antes de que se nos pase y haya consecuencias.

9. **Teléfonos inteligentes.** Los *smartphones* utilizan la IA para búsquedas y otras funciones, como el modo retrato en las cámaras. También en la asistencia por voz.

10. **Por fin seremos dibujantes y fotógrafos.** Con solo unas indicaciones, tendremos a nuestra disposición las imágenes que necesitábamos y no encontrábamos por ninguna parte. Ideal si ser dibujante o fotógrafo era una de tus aspiraciones frustradas.

11. **Vehículos inteligentes.** Los coches modernos emplean IA para detectar la fatiga, ayudar en el estacionamiento y mejorar la seguridad en la carretera. Se espera que los coches autónomos se vuelvan también más comunes. Dentro de poco tenemos aquí a Kit.

12. **Servicios de transmisión de música y medios.** Spotify o YouTube, por poner algunos ejemplos, utilizan IA para personalizar listas de reproducción basadas en nuestras preferencias musicales.

13. **Videojuegos y ocio.** Los videojuegos pueden proporcionar experiencias más inmersivas, incluyendo tecnologías como la realidad aumentada y el aprendizaje automático. También para generar niveles, controlar personajes y proporcionar desafíos.

14. **Navegación y viajes.** Las aplicaciones de navegación como Google Maps utilizan IA para proporcionar datos de tráfico en tiempo real, calcular rutas eficientes y ahorrar tiempo de conducción. Los servicios como Uber utilizan IA para asignar viajes. Igual que cuando

teníamos que utilizar el callejero o mapas que no sabíamos ni leer del derecho.

15. **Seguridad y vigilancia.** La IA se utiliza en sistemas de vigilancia para monitorear y analizar múltiples cámaras de seguridad y prevenir amenazas en empresas, organizaciones u hogares.

16. **Reconocimiento facial.** El reconocimiento facial, como Face ID de Apple, utiliza IA para desbloquear dispositivos.

17. **Altavoces inteligentes.** Altavoces como Amazon Echo utilizan IA para interpretar comandos de voz y realizar acciones.

18. **Batería/carga adaptable.** La carga adaptable de teléfonos Android y la carga adaptativa de iPhones utilizan IA para optimizar la duración de la batería.

19. **Atención al cliente.** Los *chatbots* utilizan la IA para responder a preguntas de soporte técnico y ofrecer información personalizada. Algunos no son muy listos, pero todo se andará.

20. **Casas inteligentes.** Automatización de dispositivos en el hogar, como abrir puertas y encender luces con comandos de voz, acceder sin llaves o programar electrodomésticos automáticamente para hacer tareas.

21. **Filtros de *spam*.** La IA se utiliza en servicios de correo electrónico para filtrar *spam* y personalizar la bandeja de entrada. No me quiero ni imaginar cuántos correos no deseados tendría esperándome si no existiera algo así.

22. **Aplicaciones en la medicina.** Los hospitales emplean IA para mejorar la precisión en diagnósticos y cirugías, colaborando con médicos y generando resultados más precisos.

23. **Bancos y plataformas digitales.** La banca digital utiliza IA para realizar trámites, abrir cuentas y proporcionar servicios al cliente de manera más eficiente.

24. **Traducción instantánea.** Google Translate, entre otros, traduce texto y voz en línea y mejora su precisión mediante el aprendizaje automático. Skype Translator traduce conversaciones en tiempo real utilizando el reconocimiento y la síntesis de voz. Además, algunos dispositivos modernos ofrecen traducción instantánea a través de su *hardware*. Aún se pueden dejar las clases de inglés, pero todo llegará.

25. **Procesadores de texto.** Microsoft Word, por ejemplo, utiliza inteligencia artificial para mejorar funciones como corrección gramatical y sugerencias de estilo.

26. **Noticias personalizadas.** Aplicaciones de noticias utilizan IA para ofrecer contenido adaptado a tus intereses.

27. **Ahorro de energía.** Sistemas de ahorro de energía en dispositivos y edificios utilizan IA para optimizar el consumo.

28. *Software* **para detectar enfermedades.** La IA se utiliza en *software* médico para predecir enfermedades como la psicosis y el cáncer, por poner solo dos ejemplos.

29. **Cuidado del medio ambiente.** La IA se utiliza para predecir y prevenir la contaminación ambiental.

30. Aprender idiomas. Algunos estudiantes de ciencia de datos utilizan Chat GPT para mejorar su escritura y comprensión en chino. De momento, antes de que los traductores nos permitan instalarnos un chip.

Añado uno más que, en mi opinión, ofrecerá una dimensión nueva a los profesionales: los GPT personalizados, esas «cajas mágicas» que han empezado a crear empresas como Open AI, entre otras. Los GPT personalizados (o GPT DIY – *Do It Yourself*) son versiones modificadas del famoso Chat GPT diseñadas para cumplir con tareas y funciones específicas. Estas variantes permiten a los usuarios adaptar la inteligencia artificial a sus necesidades particulares, ya sea para fines educativos, de entretenimiento o profesionales.

Los GPT son una clara respuesta a una demanda creciente: las compañías buscan trabajar con su propia información utilizando la inteligencia artificial. Imagina un Chat GPT que no solo converse, sino que «respire y viva» la esencia de una marca, convirtiéndose en un eje central para las estrategias de *marketing*, el soporte al cliente y la integración de nuevos talentos.

Es un salto cualitativo. Cada empresa se convierte así en un artesano de su propio espacio de entrenamiento IA. Los GPT no son simplemente una herramienta más en el arsenal tecnológico, sino un catalizador para la innovación y la personalización a nivel empresarial. Empresas como Amgen, Bain y Square ya lo están probando en la plataforma de OpenAI, creando soluciones a medida. Y muchas otras también lo están haciendo, aunque no sea aún de dominio público.

¿En qué industrias y ejemplos se usa la IA Generativa?

Álex Touriño, socio de la firma de asesoramiento jurídico ECIJA y uno de los abogados españoles con más conocimiento en el área tecnológica, afirma que «donde se están encontrando más ejemplos de uso de IA es en el sector financiero, el asegurador y en *retail*. Esto se debe a que cuando trabajas con volúmenes masivos de datos, con la IA puedes ganar eficiencia y conseguir determinadas automatizaciones que quizá no sirven en otras circunstancias. Por ejemplo, una empresa de *retail* que tenga que diseñar un producto. Con todo el *input* y el histórico que tiene de sus clientes, la IA será capaz de diseñar un producto muy aproximado a las expectativas del cliente. En el sector financiero, por ejemplo, puede ayudar a determinar cuál es el perfil del cliente al que yo quiero dirigirme, o si a alguien le concedo o deniego un determinado producto financiero basándonos en toda la información de que disponemos. El tratamiento enriquecido de *big data* me va a dar unos resultados mucho más atractivos de los que tenía en el pasado».

Le he preguntado a un emprendedor español sobre cómo ayuda la IA en su negocio. Chema Molina, fundador de Frenetic, ha desarrollado una *startup* B2B para diseñar de manera más rápida y eficiente circuitos magnéticos. Actualmente cuenta con clientes como Samsung o Apple, por ejemplo. Su reflexión sobre los modelos de negocio basados en IA es la siguiente: «Nos vamos acercando a ser dependientes de la IA, todavía no lo somos, pero perdería velocidad y *accuracy* si no la tuviera. Y nos estamos moviendo hacia un mundo donde cada una de las IA van a ser determinantes. No para tomar decisiones de ingenieros, sino para ser más precisos». Para él, el punto diferencial de su negocio «es que cuando un cliente quiere conseguir un magnético, nosotros tenemos un algoritmo [...] que es tan sumamente bueno que ya gana a todos nuestros ingenieros. Me refiero a que tú le das las mismas especificaciones a uno que a otro y el algoritmo en un minuto y medio te da una solución y el mejor ingeniero tarda cuatro horas. Tenemos una ventaja de tener un algoritmo súper rápido, pero luego además ese algoritmo lo hemos conectado con un laboratorio para construir muestras con la misma rapidez».

Hemos recorrido, sin duda, un largo camino, pero es necesario detenerse y reflexionar sobre nuestra trayectoria hasta el momento. Las máquinas continúan luchando con los matices del lenguaje y el razonamiento básico, lo que plantea retos considerables si aspiramos a que la IA alcance niveles comparables a los humanos. El experto en aprendizaje profundo Geoff Hinton sostiene que es necesario cuestionar los fundamentos de la inteligencia artificial para lograr este objetivo.

Ya sabemos que no todas las personas están satisfechas con las supuestas repercusiones de la implantación de la IA. Mientras que algunos vislumbran un futuro esperanzador, entre los que me encuentro, otros temen que pueda convertirse en nuestro peor enemigo. Las preocupaciones oscilan entre la sostenibilidad y la ética o, directamente, se trata de prejuicios y desinformación.

Le he preguntado al profesor universitario, escritor y economista anarcocapitalista David Friedman sobre ello. El futuro es incierto. Como libertario, ¿piensa si va a ir a mejor o no?: «Creo que los cambios raramente van en una sola dirección. Hay un grupo de personas, a los que se los denominó como los *ciberpunks,* de los cuales yo soy un miembro tangencial, que al principio estaban muy preocupados con los problemas de la inscripción y la tecnología informática en general. Uno de ellos hizo un comentario sobre que la encriptación no es ni tu amigo ni tu enemigo. Estas tecnologías hacen posible que hagas otras cosas, yo tengo un artículo que puedes leer en mi web que se llama *A Round of Strong Privacy.*[11] Es un artículo antiguo, y es muy optimista y libertario y trata sobre lo que se puede conseguir con la tecnología. La encriptación pública es una red tec-

11. http://www.daviddfriedman.com/Academic/Strong_Privacy/Strong_Privacy.html

nológica que puede resultar en un mundo más libre, a lo mejor sí, pero a la vez también es una forma para que los gobiernos puedan hablar entre sí y se aseguren de que no te están escuchando, por ejemplo. Y para saber de qué están hablando los gobiernos yo a veces he esgrimido que el sitio en el que el anarcocapitalismo va a funcionar mejor es el *online*».

No todo es de color de rosa, ya lo he dicho. El aprendizaje profundo demanda un volumen sustancial de datos y, a pesar de que los avances tecnológicos nos permiten procesar a velocidades muy rápidas, la IA tiene un considerable consumo de energía. Instruir a una máquina para resolver un cubo de Rubik consume una cantidad de electricidad equivalente a la generada por tres centrales nucleares en una hora. Además, el entrenamiento de un modelo de inteligencia artificial puede generar una huella de carbono comparable a la producida por cinco automóviles a lo largo de toda su vida útil. Por otro lado, hay personas que emplean la inteligencia artificial con fines maliciosos, como la creación de *deepfakes* dañinos. Su uso puede ser tanto benévolo como perjudicial, y es nuestra responsabilidad determinar su rumbo y propósito. El progreso tiene sus consecuencias y debemos ser adultos para comprenderlas y aceptarlas.

Lo importante es que hay soluciones en el horizonte. Los investigadores están buscando formas más eficientes de entrenar modelos y las fuentes de energía limpia están empezando a desempeñar un papel fundamental. A pesar de que la inteligencia artificial puede consumir una cantidad considerable de energía, también puede representar un salvavidas en la batalla contra el cambio climático.

A medida que la inteligencia artificial adquiere mayor poder y relevancia, es completamente natural que esté sometida a un escrutinio constante. Desde gobiernos hasta gigantes tecnológicos, todos se encuentran en el punto de mira. Sin embargo, en lugar de temer a la inteligencia artificial, debemos procurar comprenderla, adaptarnos a ella y emplearla con sabiduría. La IA posee un potencial asombroso, pero solo si somos lo suficientemente perspicaces para dirigirla. Por lo tanto, avancemos con valentía y determinación y estemos a la altura del desafío que representa.

3.
¿Qué inteligencia artificial se ha llevado mi queso?

A pesar de las enormes utilidades de la inteligencia artificial, sigue flotando sobre nosotros el fantasma del miedo: puede que no acaben con la humanidad, pero quizá estas capacidades terminen con nuestros empleos. Por eso, ha llegado la hora de desmitificar las percepciones erróneas que hemos asumido como ciertas en los últimos meses y afrontar la incertidumbre con datos e información.

En primer lugar, que las IA vayan a asumir tareas repetitivas o automáticas no significa que el mundo se vaya a acabar o que cantidades ingentes de trabajadores vayan a ingresar en las listas de desempleo. Por lo general y en la actualidad, las inteligencias artificiales completan procesos desordenados y los automatizan para hacerlos más eficientes. Esa es su labor, y no otra.

Por ejemplo, en algunos restaurantes, una herramienta de este tipo ya ha asumido la gestión de las reservas. La primera consecuencia es que el proceso se lleva a cabo de una manera más organizada. La IA accede al calendario, asigna mesas según el número de comensales y establece horarios. La gestión es igual de eficiente, si no más, que si fuera realizada por un empleado. ¿Hay algún empleado que disfrute gestionando reservas?

Llegados a este punto y a pesar de las ventajas, algunas personas pensarán que se está reemplazando un puesto laboral. Sin embargo, en la mayoría de los casos esta labor la asumen los camareros o el propietario del establecimiento, no una persona específicamente designada para ello. ¿Quién no ha oído el barullo de fondo de un restaurante mientras le toman nota, y la impaciencia en la voz de quien registra los datos? En este caso, se está descargando a los trabajadores de una tarea adicional y agilizando el proceso.

Incluso si hasta entonces hubiera un empleado dedicado exclusivamente a esta tarea, la introducción de una IA no resultaría perjudicial. La nueva gestión se adhiere a un proceso lineal predefinido. Es, en general, más eficiente, pero siempre requerirá supervisión humana para abordar situaciones específicas que exijan un enfoque más flexible. Por ejemplo, si alguien desea reservar una mesa para tres personas con alergias diferentes. En consecuencia, lo único necesario es una adaptación del puesto de trabajo.

Si consideramos un escenario en el que, efectivamente, una IA puede llevar a cabo la labor en su totalidad, el problema no radica ahí; el problema yace en que una persona estaba realizando un trabajo sin ningún tipo de valor añadido. Esto representa, por lo tanto, una oportunidad para reinventarse y cambiar de dirección.

Por otro lado, recurrir a la inteligencia artificial para realizar estas tareas no implica necesariamente que debamos renunciar a la espontaneidad. La naturaleza humana vive en una escala de grises, no se limita al blanco y el negro. En ocasiones, anhelamos el orden, mientras que, en otras, preferimos el desorden. En mi opinión, lo óptimo sería un «orden desordenado» o viceversa, un equilibrio que una IA podría lograr sin demasiados problemas. Un ejemplo es la celebración de los Sanfermines, que en la actualidad se asemeja a un desorden organizado. Aunque parezca una fiesta peligrosa y caótica, detrás existe una planificación meticulosa.

Volviendo al sector de la hostelería, en las cadenas de restauración todo está sistematizado. Existen diversos protocolos que posibilitan una gestión más eficiente y sencilla. Esta metodología facilita la asunción de tareas por parte de una inteligencia artificial. Sin embargo, en España, el 70 % de los restaurantes no pertenecen a cadenas,[12] cada uno tiene su propia idiosincrasia. En este sentido, se observa una brecha clara entre los países anglosajones y los latinos. Estas últimas sociedades son más desordenadas y están menos estructuradas, lo que genera resistencia frente a la adopción de las IA. Quizás algunos teman perder el encanto del Bar Pepe de toda la vida, lo cual es comprensible, pero seguro que también hay personas que echan de menos los carros de bueyes. Todo evoluciona, y el objetivo es construir una sociedad más estructurada y no quedarnos anclados en el pasado.

12. https://marcasderestauracion.es/observatorio-restauracion-de-marca-2023.pdf

Pensemos en el código de circulación. Antes de su implementación, el tráfico era más caótico. Aunque en algunos países aún persista el caos (no te aconsejo conducir por Ciudad de México, Bombay o Bogotá), en general somos más ordenados y el sistema funciona mejor. Es un ejemplo de cómo la sociedad es capaz de autogestionarse de manera razonable y guarda estrecha relación con la organización empresarial, como la *holocracia* que utilizamos en Findasense, la empresa que fundé en 2007. Este término hace alusión a un sistema de gestión donde el poder se comparte entre todos. El enfoque, aunque no es nuevo, se basa en la autonomía de los empleados y en la responsabilidad compartida. En este tipo de empresas no existen jerarquías, jefes o roles de trabajo fijos. En su lugar, los profesionales se organizan en círculos, permitiendo que todos participen en la parte o partes del proceso en las que deseen involucrarse. Este tipo de autogestión, además, está fuertemente vinculada con la tecnología, porque se necesita de ella para su buen funcionamiento.

En ese sentido, resulta muy sencillo programar una IA para conducir autobuses, que siguen rutas fijas y trazados lineales. En el caso del metro es aún más viable. Por ejemplo, en el suburbano de Barcelona existen tres líneas donde ya se han implantado trenes sin conductor. Si estas iniciativas van más despacio de lo esperado y aún no han llegado a lugares como el Metro de Madrid, por ejemplo, se debe a razones psicológicas. La presencia de un conductor nos da una falsa sensación de seguridad, aunque, en realidad, la mayor parte del proceso es automático.

Es muy interesante esta reflexión que me trasladó Ignacio Fuentes: «La tecnología no sustituye a nadie, al contrario. Lo que veo es que amplifica o potencia. Pero cuando determinados médicos o profesores empiezan a abusar un poco del uso de los GPT para el diagnóstico, su rendimiento baja, porque te estás confiando a una máquina o un modelo con una solución que no siempre es la correcta, entonces ahí tienes que ir con cuidado. Sería bueno que Chat GPT o el modelo te dijera cuánto es cierto o si te lo estás inventando, porque imagínate el impacto».

Hablar de estas cuestiones es hacerlo de las habilidades duras y blandas. Las primeras, también conocidas como *hard skills*, son los conocimientos técnicos y competencias que adquirimos a lo largo de la formación y la experiencia profesional. Por otro lado, las *soft skills*, o habilidades blandas, abarcan las competencias interpersonales, como la inteligencia emocional, el trabajo en equipo, la comunicación efectiva y la autogestión. Nuestro desafío como sociedad no reside en adquirir nuevas habilidades técnicas para adaptarnos a las IA, sino en la dificultad para modificar nuestras creencias más arraigadas.

¿Te cuento un secreto? Detrás de esta tecnología existen nuevas formas de trabajar que tienen mucho que ver con lo que las profesiones tecnológicas han desarrollado siempre: gestión de proyectos, asignación de roles, KPI, etc. Todas ellas provienen de la cultura tecnológica. Y no, no soy un consultor de formación que te va a recomendar que «salgas de tu zona de confort». Estas frases hechas no aportan nada.

La clave sigue siendo la de siempre. ¿Cuál es el propósito de nuestro trabajo? Si lo sabemos, ese propósito nos movilizará para aprender lo que sea necesario para conseguirlo.

La radio me hace mucha compañía... Pero no estés cuatro horas en Twitch

Muchas personas relatan que estar todo el día con la radio o la televisión encendida les sirve para sentirse acompañados. Es una forma de llenar el silencio, de ponerse al corriente de la actualidad o de escuchar música. A nadie le sorprendería una declaración de este tipo. Tampoco se percibe de manera negativa encerrarse un fin de semana en casa para una maratón de series de Netflix. Sin embargo, no está igual de bien visto que un joven pase cuatro horas conectado a Twitch, a pesar de que tener como referentes a *influencers* como Ibai Llanos puede haberle servido para abordar problemas personales relacionados con su físico. A menudo se considera inquietante, incluso se llega a mencionar la necesidad de llevar al joven al psicólogo.

Yo me pregunto dónde radica la diferencia. Todos somos fans de un grupo de música, y personas obsesionadas con un artista, un programa o incluso un libro las ha habido siempre. Entonces, ¿por qué todo lo relacionado con las redes sociales o la inteligencia artificial provoca inquietud? El motivo es similar al que me indicó hace un tiempo un directivo de Coca-Cola. Él decía que el zumo de naranja procesado contenía exactamente el mismo azúcar que un refresco. No obstante, uno está socialmente aceptado y parece saludable, mientras que el otro no. Uno ostenta una etiqueta verde de Nutriscore, y la del otro es naranja o roja. No pretendo, con este ejemplo, defender a una marca u otra; lo que intento explicar es que estas percepciones están construidas en gran medida por factores culturales y sociales, por creencias aprendidas.

Otro asunto que genera controversia es cómo se configurará nuestra relación con las inteligencias artificiales. ¿Será posible que alguien llegue a enamorarse de un ente virtual, como en la película *Her*? Con Alexa no creo que haya ocurrido, aunque hay gente para todo. La cuestión es que, aunque sucediera algo así, no sería más que el reflejo de impulsos humanos que ya existen y que se manifiestan de formas distintas en la actualidad. Nuestros abuelos creían que con la televisión los jóvenes iban a echarse a perder, igual que ahora muchos adultos consideran que las IA acabarán con el futuro de sus hijos o el de ellos mismos. Sin embargo, ni ha sucedido lo primero, ni ocurrirá lo segundo. Todo está en nuestras manos. Lo bueno y lo malo lo definen las personas en base a su libertad, la tecnología sigue siendo un medio. Un medio muy potente, pero un medio al fin y al cabo.

Seguro que existen personas enamoradas de Ricky Martin o de Taylor Swift. Quizá sea una, o quizás cien, o incluso mil. ¿Acaso no es igualmente irreal? ¿En qué se diferencia una persona obsesionada con un cantante, que llena su habitación con fotos suyas y dialoga con él por la noche, de alguien que encarga un gemelo digital de Taylor Swift e interactúa con él directamente, empleando su voz auténtica? Estos comportamientos no son una consecuencia de la tecnología, sino más bien un reflejo de la condición humana, en algunos casos patológica. Indudablemente, existen prácticas negativas dentro del ámbito tecnológico y algunos algoritmos de las redes sociales pueden resultar adictivos. Por eso, considero crucial que las empresas adopten buenas prácticas a través de la autogestión. Hay muy buenas personas y profesionales en las empresas, confiemos en ellos. Y, si no, la justicia hará su trabajo.

En definitiva, la tecnología en general y las IA en particular no son mejores ni peores que otras herramientas. Cualquier actitud que se desvíe de beber agua y seguir la dieta *paleo* puede considerarse alejada de lo supuestamente saludable. Si optamos por vivir de esa manera, está bien, pero no es realista atribuir todas las problemáticas de la humanidad únicamente a la inteligencia artificial.

¿La inteligencia artificial me discrimina en el trabajo?

Otra de las inquietudes que suscitan las IA es la posibilidad de que tengan sesgos y eso pueda afectar a su funcionamiento en procesos de selección, por ejemplo. Es cierto que existe ese riesgo; hay sistemas de reconocimiento facial que funcionan de manera más precisa en la identificación de los rostros de piel blanca[13] o *software* defectuoso que provoca el arresto de personas inocentes debido a que no los reconoce bien. Es incuestionable que hay mucho que mejorar. Sin embargo, este no es un problema originado por la tecnología en sí, sino también por la naturaleza humana. ¿Acaso el empleado de Recursos Humanos de una empresa encargado de las contrataciones no puede tener esos mismos prejuicios? Las IA están programadas por personas, y las personas tenemos sesgos, es inevitable. Todo en nuestra sociedad funciona bajo diferentes puntos de vista, por mucho que se busque la objetividad.

Un ejemplo evidente son los verificadores de noticias falsas en España. Aunque se presentan como guardianes de la verdad, es inevitable preguntarse: ¿qué es la verdad? El periodista que lleva a cabo la verificación tiene su propia ideología y sus creencias, puesto que es prácticamente imposible no tenerlas; lo que, de forma inevitable, introduce subjetividad. La elección de qué noticias desmentir y cuáles no representa un sesgo en sí misma. En última instancia, cada medio o periodista selecciona los documentos y las cifras que respaldan sus propios puntos de vista, aunque sea de manera inconsciente en algunos casos. Todos tenemos ideologías de índole social, política o

13. https://es.wired.com/articulos/los-algoritmos-de-ia-tienen-sesgo-contra-piel-de-tonos-amarillos

económica. La mía, por ejemplo, es libertaria, muy orientada hacia el libre mercado, aunque soy consciente de ello y, por ende, me esfuerzo en dialogar con personas de diversas perspectivas y dar voz a diferentes opiniones. Me enriquece.

Por lo tanto, es una realidad que las IA pueden reflejar los sesgos de sus creadores, pero también pueden ayudar a minimizarlos y eliminar los tratos de favor. Por ejemplo, en nuestro país, gran parte de las contrataciones laborales se basan en recomendaciones personales, en lugar de en procesos de selección abiertos para identificar al candidato más idóneo. Este enorme sesgo en el proceso de contratación en España podría atenuarse mediante la intervención de la inteligencia artificial. Cada currículum vitae, en lugar de incluir un nombre, estaría asociado a un identificador único. De esta manera no se podría saber si el candidato es hombre o mujer, de nacionalidad española o extranjera, ni su edad, entre otros datos que pudieran dar lugar a discriminaciones de algún tipo.

En cualquier caso, en Europa a menudo otorgamos excesiva importancia a temas que los americanos y asiáticos abordan de una manera más relajada. Contamos con una inteligencia artificial mejor de lo que imaginamos. No pretendo afirmar que seamos perfectos, pero constantemente discutimos sobre temas de desigualdad entre hombres y mujeres, por ejemplo, y según los datos de EUROSTAT 2022, la brecha salarial en España es menor que la de la Unión Europea: un 9,4 % en comparación con un 13 %.

Bajo mi punto de vista, la clave para mitigar las *bias* en el entorno laboral radica en la autogestión y en la implementación de buenas prácticas empresariales. A menudo esperamos que los políticos sean los encargados de solucionarlo todo, porque nosotros, como ciudadanos, no estamos dispuestos a implicarnos y a asumir nuestro compromiso para mejorar la sociedad. Y eso es lo que debemos hacer: tomar nuestra parte de responsabilidad y establecer protocolos que promuevan positivamente las buenas prácticas, en lugar de permitir que la regulación de las instituciones se base en sanciones porque somos incapaces de hacer las cosas bien si no hay una amenaza de castigo detrás. Podemos combatir el sesgo con conjuntos de datos más inclusivos y exigir a las empresas que sean transparentes en cuanto a la manera en la que sus algoritmos toman decisiones.

Parte del problema es la escasa atención que se presta a la ética y la moral en las escuelas. Sería esencial incorporar estas asignaturas en la educación de todas las disciplinas, no solo en carreras específicas como Medicina o Periodismo.

Otro aspecto que podría contribuir a fomentar la responsabilidad empresarial y ciudadana es la descentralización de nuestros datos. Si una red social toma una deriva que no nos agrada, tendríamos la opción de cambiar de plataforma, tal y como hacemos en la actualidad con nuestro número de teléfono de una compañía a otra. Esta idea posee un gran potencial y ya está siendo implementada por empresas rivales de Facebook y Twitter, como Mastodon o BlueSky. Al lograr el control de nuestros datos, aumentaríamos nuestra conciencia y responsabilidad.

En cualquier caso, hoy por hoy las propias redes ya se autovigilan y los ciudadanos tienen la opción de reportar comportamientos abusivos. En este proceso, la inteligencia artificial debería jugar un papel predominante, ya que sería capaz de generar los mecanismos adecuados para detectar abusos de una manera más eficiente. Obviamente, no será perfecto. Todos queremos vivir en ecosistemas seguros y estables, pero, como ocurre con la internet profunda, es inevitable que existan fisuras.

Y tú, ¿dónde estás?

En relación con todas estas percepciones, ahora mismo hay tres vertientes de respuesta respecto a la implantación de las IA en el trabajo. En primer lugar, nos encontramos a las personas que han decidido establecer un combate feroz contra ellas. Son las que defienden la idea de que los derechos laborales adquiridos no se pueden tocar. Esta vertiente la están liderando los sindicatos, tanto en nuestro país como en otros muchos lugares del mundo. Su consigna tiene que ver con la defensa del salario universal: si las máquinas o las IA hacen el trabajo, tendré que recibir un sueldo solo por vivir, ya que las empresas ganan demasiado dinero.

En España, alrededor del 16 % de los trabajadores están afiliados a un sindicato, según la Comisión Europea.[14] Salvo en países como Suecia o Bélgica, en el resto del mundo las uniones de trabajadores no representan a la mayoría. Lo mismo ocurre con la CEOE. Sin embargo, para los medios de comunicación parece que unos y otros hablan por casi el 90 % de los afectados.

Para mí, la renta básica universal es una trampa, porque se financiaría con impuestos que tendrían que sufragar las empresas por cada máquina o robot que utilizaran o por cada puesto de trabajo que sustituyeran. Es decir, deberían pagar la Seguridad Social igualmente. Su lógica establece que, si un empresario cuenta con cien máquinas que sustituyen a mil empleados, pague lo mismo que tendría que invertir como si los siguiera teniendo. El problema, entre otros, es quién decide cuántos trabajadores está realmente reemplazando. No tenemos datos sobre ello y no parece fácil establecer una correlación. Este tipo de impuestos serían, además, anticonstitucionales.

En cualquier caso, una medida de este tipo solo conseguiría que las empresas trasladaran su producción a otros países. Si ya es fácil hacerlo aun con la necesidad de contar con mano de obra humana, más lo será si no hay empleados y el trabajo lo hacen máquinas, robots o IA. Ellos, seguro, no se van a quejar de la deslocalización.

14. https://www.elindependiente.com/economia/2022/03/27/el-declive-de-los-sindicatos-de-clase/

Esa sería la primera vertiente. A ella se uniría una segunda con personas que están totalmente en contra de la implantación de las IA por temor o desconocimiento, como hemos comentado con anterioridad. En total, un 47 % de la población española, casi la mitad, veía en 2022 más perjuicio que beneficio en la implantación de la IA.[15]

Es algo que está ocurriendo ya con el proceso de transformación digital de la banca. Prima un enfoque individualista: aunque la digitalización de los procedimientos sea beneficiosa tanto para la entidad como para la sociedad en su conjunto, si se percibe como desfavorable para uno mismo, tiende a ser rechazada. Lo mismo ocurre en otros aspectos, como el empleo. Cuando se le brinda a alguien con este pensamiento la oportunidad de reciclarse, adaptarse o cambiar, suele negarse a ello. Es un problema de mentalidad, característico de trabajadores que se han acomodado y prefieren mantener la situación en la que se encuentran hasta su jubilación. Esta actitud proviene también de una creencia profundamente arraigada en la cultura hispana, particularmente en la española. También existe un choque generacional que implica que las personas de más edad sean más reacias a los cambios.

Según una encuesta publicada por OpositaTest en marzo de 2023 y difundida por el diario *El Mundo*,[16] uno de

---

15. https://aiindex.stanford.edu/report/
16. https://www.elmundo.es/economia/macroeconomia/2023/03/02/63ff85cae4d4d845258b45d5.html

cada dos españoles de entre 18 y 55 años han sido, son o quieren ser candidatos a un puesto de funcionario. El principal motivo es la estabilidad laboral, es decir, evitar la necesidad de volver a estudiar o cambiar de empleo en el futuro, incluso si esto significa percibir el mismo salario durante toda la vida. En definitiva, seguridad. Es una opción respetable, por supuesto. No obstante, es precisamente esta mentalidad la que genera resistencia al cambio y contribuye al retraso en la adopción de la digitalización tanto en Europa como en Latinoamérica. Estados Unidos y Asia serán las regiones más beneficiadas, porque cuentan con legislaciones más flexibles, una gran inversión en tecnología y personas mejor formadas y sin miedo a evolucionar. Y eso que solo estamos hablando de robots y no de la implantación de las IA no robóticas.

En tercer lugar, y siendo generosos, un 5 o 10 % de la sociedad,[17] gracias a la cultura adquirida de sus familiares o a una mentalidad abierta, aceptan la irrupción de las IA como un proceso natural. Aquí encontramos a los emprendedores y a aquellos que han viajado por el mundo o han trabajado en el extranjero. También, como es lógico, a los nativos digitales. Son personas que entienden el cambio como algo consustancial a su experiencia de vida. Esta es la vertiente que yo defiendo, la que considero más razonable y la que puede humanizar la implementación de nuevas he-

17. https://www.elconfidencial.com/empresas/2022-05-29/emprendedores-espana-financiacion-bra_3431299/

rramientas. Es la gente que se pregunta: ¿Cuál es el siguiente paso? ¿Qué acciones debo emprender? ¿Dónde podría encajar si mi labor lo va a hacer a partir de ahora una IA? Ellos serán los grandes beneficiados, los que podrán trabajar menos y cobrar más a partir de ahora.

En resumen, encontramos que a más de un 50 % de la población española le gustaría vivir sin trabajar; un 40 % se enfrentará a las transformaciones que están por venir con una mezcla de frustración y desánimo, resistiéndose a adaptarse, y, finalmente, un 5 o 10 % logrará prosperar notablemente. Es adecuado preguntarnos en qué posición nos encontramos.

La inteligencia artificial me va a quitar el trabajo

Si aún te queda alguna duda de los beneficios de la IA, voy a respaldar mis argumentos con datos concretos para que puedas comprobar por ti mismo que está demostrado que, a medida que un país adopta tecnología de vanguardia, su riqueza y su generación de empleo aumentan.

En primer lugar, la evidencia histórica confirma que las preocupaciones sobre la pérdida de empleos debido a los avances tecnológicos nunca han tenido demasiado fundamento o han resultado exageradas. Lo que sucederá ahora es lo mismo que lo que ha ocurrido a lo largo de los siglos: la incorporación de la inteligencia artificial generará oportunidades laborales que antes no existían, de manera similar a lo que ocurrió en el pasado. Un estudio realizado por la consultora KPMG International[18] respalda esta posición, afirmando que «los posibles efectos negativos de la tecnología sobre el empleo siempre se verán contrarrestados por un aumento de la productividad y la creación de nuevas tareas».

A pesar de que las instituciones vinculadas a gobiernos y entidades públicas a menudo emplean datos poco precisos, incluso ellas reconocen que la representación de las ocupaciones con mayor probabilidad de verse afectadas por las tecnologías basadas en la inteligencia artificial ha aumentado en el mercado laboral en los últimos años. Esto se evidencia en un estudio realizado por el Centro de Investigación de Política Económica (CEPR)[19] en dieciséis países europeos. El análisis tampoco observa efectos negativos ni en los salarios ni en la supuesta polarización entre trabajadores altamente y medianamente cualificados.

La Organización para la Cooperación y el Desarrollo Económicos (OCDE) también lanzó en 2019 un mensaje alentador al evaluar las perspectivas laborales de ese momento: señaló que las tendencias de digitalización y globa-

18. https://assets.kpmg.com/content/dam/kpmg/uk/pdf/2023/06/generative-ai-and-the-uk-labour-market.pdf
19. https://cepr.org/voxeu/columns/artificial-intelligence-and-jobs-evidence-europe

lización estaban generando nuevas oportunidades y no anticipaba una crisis masiva de desempleo causada por la tecnología. En 2023, al volver a examinar el futuro del trabajo en relación con el impacto de la inteligencia artificial en el mercado laboral, llegó a la conclusión de que una mayor exposición a la IA podría ser beneficiosa para los trabajadores.[20] En definitiva, la organización reconoce que hasta el momento «hay poca evidencia de efectos negativos significativos por la implantación de las IA». Aunque argumenta que podría deberse a su reciente implantación, también admite que genera nuevas tareas y puestos de trabajo. Además, resalta que tiene el potencial de reducir las actividades tediosas y peligrosas, lo que a su vez contribuye a aumentar la participación y la seguridad física de los trabajadores. Lo mismo opina el autor de este artículo, que alaba el hecho de que la IA descargue a las personas de las tareas arriesgadas. Esto permite que los trabajadores se concentren en corregir los errores de las máquinas en entornos laborales supervisados y gestionados mediante algoritmos. No estoy de acuerdo con muchos de los otros argumentos que expone el artículo, pero este me parece clave.

Si miramos al otro lado del Atlántico encontramos datos más certeros que los ofrecidos por las instituciones europeas. En Estados Unidos, se prevé que hasta el 30 % de las horas trabajadas estén automatizadas en 2030 gracias a la

20. https://www.oecd-ilibrary.org/sites/34f4cc8d-en/index.html?itemId=/content/component/34f4cc8d-en

IA generativa, según el informe *La IA generativa y el futuro del trabajo en Estados Unidos*[21] realizado por la consultora McKinsey en 2023. A pesar de este dato, que puede parecer negativo en un principio, se espera que la automatización mejore ciertos trabajos en lugar de eliminarlos por completo.

La IA generativa está mejorando la forma en que trabajan los profesionales. Las inversiones federales (en Estados Unidos) en industrias relacionadas con el clima y la infraestructura, junto con el envejecimiento de la población, están creando una nueva demanda laboral en industrias verdes, construcción y atención médica. Se espera que estas actividades requieran doce millones de «transiciones ocupacionales» para 2030, sobre todo de trabajadores con salarios bajos y mujeres. Este hecho destaca la necesidad de un enfoque más amplio en el desarrollo de la fuerza laboral, impulsando estrategias de contratación inclusivas y basadas en habilidades en lugar de credenciales. En cualquier caso, el panorama laboral en Estados Unidos parece alejarse de la antigua teoría de destrucción de empleos por parte del «fantasma» de la IA.

Por otro lado, la inteligencia artificial ofrece muchas ventajas, pero todavía tiene limitaciones. Una de ellas supone que aún, y durante mucho tiempo, se requerirá la intervención humana para verificar y mejorar sus resultados.

21. https://www.mckinsey.com/mgi/our-research/generative-ai-and-the-future-of-work-in-america

En algunos casos, se espera que haya una colaboración cada vez mayor entre los trabajadores humanos y las tareas automatizadas. Esto significa que, en determinadas actividades, los empleados podrán dedicar más tiempo a tareas de edición y supervisión en lugar de realizar tareas de creación de contenido desde cero. Por este motivo, los profesionales podrán diversificar sus actividades. Estas nuevas responsabilidades pueden incluir diseñar y supervisar lo que la IA crea, así como optimizar los algoritmos para asegurarse de que funcionen correctamente. Aunque esto puede reducir parte de los beneficios de ahorro de tiempo que ofrece esta tecnología, también puede tener un impacto positivo en la preservación de empleos.

En cuanto a la situación en Europa, aunque es diferente de la de Estados Unidos, deberíamos seguir su estela y no la contraria. Según la OCDE, garantizar que los trabajadores tengan las habilidades adecuadas para manejar las nuevas tecnologías es un desafío político clave, y en eso estamos de acuerdo. Pero, si analizamos las medidas que están tomando los países europeos,[22] podemos concluir que están equivocando el enfoque al orientarse demasiado hacia la creación de legislación que limite el uso y las ventajas de la IA. No afirmo que el mal llamado diálogo social y la negociación colectiva no tengan algún papel en este proce-

22. https://www.france24.com/es/europa/20231209-uni%C3% B3n-europea-logra-acuerdo-sobre-primera-ley-para-regular-de-la-inteligencia-artificial

so, aunque, personalmente, considero que su intermediación no tiene sentido en el presente y menos en el futuro. Lo que sí tiene sentido es una clara, ágil y justa legislación laboral, una justicia rápida y espacios entre empresarios y trabajadores, para generar diálogos y herramientas para la resolución de conflictos. «La justicia tardía no es justicia», decía Séneca.

En cualquier caso, lo verdaderamente esencial radica en proporcionar capacitación y formación a los trabajadores, para que se adapten a esta transición. La clave reside en cada individuo, en cada empleado. El trabajo a distancia ha contribuido más a la conciliación laboral que todas las leyes y sindicatos del mundo juntos. Por lo tanto, la forma correcta de utilizar la tecnología está en manos de las personas y no de prohibiciones y restricciones sin sentido.

En España, la OCDE considera que un 28 % de los empleos corren alto riesgo de automatización, y no estamos hablando solo de IA. Aquí entran en juego también la robótica y las TIC. En cualquier caso, el informe solo ofrece conjeturas, pocos datos y alguna que otra tirita antes de una posible herida futura. Lo que sí es cierto es que España, a pesar de haber mejorado en los últimos años, es el país con más paro de la Unión Europa, y de eso no tiene culpa la IA, sino un mercado laboral anticuado y con los incentivos inadecuados. Por ello, considero importante que la aplicación de la tecnología ayude a tomar mejores decisiones. Falta nos hace.

Pero mis convicciones no suponen que no pregunte a personas que también son especialistas en IA. A continuación expongo las opiniones de diferentes perfiles:

A Ada Heinrich le pregunté si la IA iba a dejar sin empleo a muchas personas. Para ella, «la inteligencia artificial es una herramienta, no creo que vaya a robar los trabajos, sino a sustituir los tipos de trabajo. Si miras las noticias de hoy en Singapur hay cincuenta mil personas que están aprendiendo en IA para avanzar laboralmente y estar mejor cualificadas».

Ignacio Fuentes, del MIT, informa de que «en medicina no pensamos que esto vaya a reemplazar efectivamente al médico, sino al médico o al personal que no utilice esas tecnologías. La resistencia no te va a sustituir a ti, sino al que no utilice la tecnología».

Chema Molina, fundador y CEO de Frenetic, opina que «no es que necesitemos gente que utilice la IA, es que gracias a ella pasaremos al siguiente nivel como sociedad... y necesitas mucha gente cualificada para construir la nueva sociedad que viene».

Gemma Galdón, CEO y fundadora de Eticas Consulting, considera que «se puede destruir empleo en la parte en la que la IA lo hace más rápido y me ayuda a hacer mejor mi trabajo, aunque implique que necesitaré a menos humanos y menos de mi tiempo para hacer mi trabajo. Las profesiones no desaparecerán, llevamos especulando con ello desde hace más de una década y hasta ahora las evidencias de destrucción de trabajo son muy escasas. Igual que cuando sale la locomotora y desaparece la ruta a caballo».

Sergio Maldonado indica a este respecto lo siguiente: «No veo cómo la gente se va al paro solo por esto. Igual hay más trabajo. Yo soy un optimista, creo que lo que nos va a faltar es mucha gente cualificada y que eso generará más valor».

Aparte de los expertos, me encantó hablar con Concha Ortiz, presidenta de AICE, Asociación de Intérpretes de Conferencias de España. Ortiz me dijo que, «aunque la IA puede ser una herramienta de apoyo para los intérpretes, facilitando nuestro trabajo, todavía no está lo suficientemente desarrollada para ser completamente confiable o útil en todos los aspectos, especialmente en aquellos que requieren precisión y sensibilidad humanas; por ejemplo, en un juicio legal, en *marketing* y publicidad, negociaciones empresariales...».

¿Sabes lo que está escenificando la consultora de empleo Randstad para los próximos años? Que en España solo el 10 % se va a ver afectado directamente por las IA, el 20 % se va a ver afectado pero para mejor y al 70 restante ni fu ni fa. Se prevé una destrucción de cerca de dos millones de empleos, una construcción de más de un millón y medio de empleos que hasta ahora no existen, y otro millón que va ver mejoradas sus condiciones gracias a las IA. ¿Resultado? Tendremos más y mejor trabajo.

Sé dueño de tu vida

Si la IA aún te provoca algunas reticencias, lo lógico sería preguntarte cómo puedes modificar tus creencias. La clave reside en recibir el apoyo suficiente. Aunque, pese a todo, ciertas personas pueden persistir en su opinión, hay quienes serán capaces de llevar a cabo el cambio. En este grupo podrías encontrarte tú.

El primer paso sería invertir en formación. Es fundamental contar con un nivel básico de competencias para desenvolverse en el presente y en el futuro. Por ejemplo, en mi opinión, una persona que no sea capaz de utilizar un teléfono móvil o WhatsApp tendrá una vida peor. Luego, las habilidades más especializadas se pueden abordar de una manera, entre comillas, bastante sencilla. En Argentina, la *startup* de formación tecnológica Henry puede convertir a cualquier persona que no tenga un perfil técnico (desde camareros y agricultores hasta directivos y escritores) en programadora en ocho meses. Este curso inicialmente es gratuito, si bien los participantes reembolsan más tarde el coste a través de un porcentaje de su salario durante varios meses. Esta iniciativa tiene el potencial de transformar la vida de muchas personas, brindándoles la posibilidad de reciclarse y encontrar empleo. En España, el proyecto Campus 42 de la Fundación Telefónica[23] es otro buen ejemplo de ello, aunque no tenemos ningún dato para saber el impacto que está teniendo. Por lo tanto, las opciones están al alcance de cualquiera, incluida la posibilidad de aprender programación de manera prácticamente gratuita. Y este principio se aplica no solo a este ámbito, sino también a otros aspectos relacionados con la tecnología y la inteligencia artificial, como manejar copilotos o trabajar con *digital twins*, por ejemplo.

Entonces, ¿dónde está el problema? En las habilidades interpersonales, las *softs skills*. Todo es una cuestión de cultura adquirida. Si tu entorno considera que el esfuerzo siempre es en vano o carente de recompensa, el verdadero desafío radica en transformar esas creencias. Hay personas para las que resulta legítimo no querer aprender más, ya que entienden que han cumplido con sus estudios en su debido momento, o sienten que tienen el derecho a disfrutar de un salario de por vida. La cultura hispánica es muy buena en muchos aspectos, quizá la mejor, pero es débil en lo relativo al riesgo y el dinero. Lo explica muy bien el psicólogo social Gerard Hendrik Hofstede en *Teoría de las seis dimensiones culturales.*[24] Esta mentalidad afecta directamente al trabajo y el emprendimiento y requiere ser modificada para parecerse más a la anglosajona, donde las personas son

23. https://www.42madrid.com/
24. https://es.wikipedia.org/wiki/Teoría_de_las_dimensiones_culturales_de_Hofstede

más emprendedoras y la propia vida te enseña a ser dueño de tu destino.

Por ejemplo, según el índice de Hofstede, España cuenta con una sociedad jerárquica. Esto significa que la gente acepta un orden determinado en el que todo el mundo tiene cabida y que no necesita mayor justificación. Se considera que la jerarquía en una organización refleja desigualdades inherentes: la centralización es popular, los subordinados esperan que se les diga lo que tienen que hacer y el jefe ideal es un autócrata benevolente. Por el contrario, Estados Unidos subraya su premisa de «libertad y justicia para todos». En las organizaciones americanas, la jerarquía se establece por conveniencia, los superiores son siempre accesibles y los directivos confían en los empleados individuales y en los equipos por su experiencia. Tanto los directivos como los empleados esperan ser consultados y la información se comparte con frecuencia. Al mismo tiempo, la comunicación es informal, directa y participativa. Más claro, agua.

El escritor y amigo Carlos Oliveira, en su libro *Elige vivir*, llega a otra conclusión muy clara: el desafío no es la inteligencia artificial ni la tecnología en sí, sino la manera en que nos relacionamos con ella, con el trabajo y con nuestra propia existencia.

Lo habitual, si uno habla con su círculo de amigos, es que la mayoría estén hartos de su jefe, consideren que su salario es insuficiente y no les agrade lo que hacen. No se trata de una o dos personas, sino que puede abarcar hasta un 70 % de nuestros conocidos. Si es nuestro caso, tenemos que reflexionar sobre si estamos tomando medidas para cambiar lo que no nos gusta.

Lo más frecuente es que, al hacernos esta pregunta, encontremos «motivos» de peso que nos impiden abordar el riesgo: «tengo una hipoteca», «mi alquiler es muy caro», «mis hijos están a punto de entrar en la universidad». No son razones sin importancia, pero no dejan de ser el resultado de decisiones que hemos tomado de manera consciente, porque, de alguna forma, nos compensaban: optamos por un alquiler caro porque queríamos vivir cerca de nuestros padres, y eso era lo más importante para nosotros en ese momento; elegimos una universidad privada para nuestros hijos en lugar de una pública porque creíamos que así tendrían más opciones de futuro; o compramos un piso en vez de alquilar porque deseábamos ser propietarios. El resultado de estas decisiones puede llevarnos, en ocasiones, a mantenernos en empleos que no nos gustan, que odiamos incluso. Si eso ocurre, es el momento de cuestionarse si compensa, si somos dueños de nuestra vida o si vivimos, de algún modo, esclavizados por determinadas elecciones. Por lo tanto, el problema es vital y no tiene nada que ver con las inteligencias artificiales generativas. La dificultad radica en que, a pesar de que no nos guste nuestro trabajo, nos aferramos a él por motivos muchas veces equivocados, como la creencia de que uno debe permanecer en un mismo sector o conservar el mismo empleo a lo largo de toda la vida.

No estoy sugiriendo que llevar a cabo un cambio carezca de riesgos o que no sea lógico experimentar miedo, sobre todo cuando tenemos responsabilidades familiares o una hipoteca que pagar. Pero existen opciones mucho mejores que aferrarse a un empleo tedioso. Tampoco podemos engañarnos y creer en el mundo idílico del emprendedor, donde todo transcurre sin contratiempos. Por lo general, el camino suele ser arduo y complicado, aunque nos brinda la oportunidad de liberarnos del sufrimiento de una vida sin propósito y asumir el control de nuestra propia vida. Personalmente, he experimentado estos mismos temores y aun así opté por superarlos, por no permitir que me limitaran. Había días en los que me sentía fuerte, y otros en los que me abrumaban las dudas, pero tomé la determinación de no dejar que me paralizaran.

Entonces, ¿cuál es el camino a seguir? El futuro proviene en gran medida de las corrientes de Estados Unidos y China. Es posible que algunas personas aleguen que no quieren perder su propia cultura, y estoy de acuerdo, porque no se trata de eso. No hay que adoptar por completo su manera de ser, solo aceptar que la vida y el trabajo no son inmutables, sino cambiantes, tal como ocurre en el mundo anglosajón.

Tampoco se trata de que todos seamos ejecutivos de alto nivel, ingenieros de IA o programadores. Una vida soñada en el pueblo también podría formar parte de la evolución cultural a la que me he referido anteriormente. Mudarse al campo no significa necesariamente renunciar a las ventajas de la tecnología. Por supuesto, siempre habrá excepciones, y resulta admirable que alguien pueda permanecer aislado sin depender de un teléfono móvil y encontrar felicidad en ello. Sin embargo, estas situaciones seguirán siendo atípicas. El programa *Ruralitas* de La 2 de Televisión Española emitió hace tiempo la historia de una enfermera que trabajaba en la ciudad y no disfrutaba de su labor. La mujer optó por emigrar a un pueblo y explorar una nueva técnica médica que involucraba el uso de abejas. Es una renovación valiosa y digna de reconocimiento, al igual que cualquier otro tipo de transformación. Esta persona utilizaba el correo electrónico, disponía de un teléfono móvil y quizás incluso tuviera una página web. Es posible que en el futuro también se beneficie de la inteligencia artificial para mejorar su trabajo. Quizá no sea una ejecutiva de Wall Street, pero su elección es igualmente valiosa, porque ha demostrado no tener miedo de aprender nuevas habilidades y estar dispuesta a darle un giro a su vida para perseguir sus objetivos. La clave es que su elección de vida no limita la libertad de los demás. Y no debería ir en contra de nadie, sino a favor de ella.

Muchos de los ejemplos de este programa demuestran que el cambio reside en la persona y que la tecnología es una herramienta que nos ayuda. En ocasiones se desliza algún comentario en contra del capitalismo y las sociedades liberales, pero ya estamos acostumbrados a bregar con ello. Siempre buscando excusas a nuestras decisiones. En la actualidad, prácticamente todo el mundo cuenta con acceso a internet, electricidad y otros avances de este tipo. Nuestro móvil es el mejor ejemplo: antes debíamos memorizar números de teléfono, fechas de cumpleaños y citas importantes, pero en la actualidad no es necesario. Resulta ilógico conservar hábitos de un pasado que ya no existe. De la misma manera, la IA se integrará en nuestra vida y se convertirá en nuestra aliada, en un copiloto que nos permitirá delegar determinadas actividades en él. La tecnología sirve precisamente para liberarnos de tareas tediosas y permitirnos dedicar más tiempo a perseguir nuestros propósitos para encontrar la felicidad en aquello que realmente nos inspira. Solo hay que estar preparado para abordar el cambio. ¿Lo estás tú?

Desde estas líneas una de mis máximas en la vida es intentar accionar el conocimiento para que no se quede en algo a medio camino y pueda llegar a un fin. Por ello, te brindo la posibilidad de realizar un test gratuito para conocerte mejor. Identificar si somos proclives al cambio o no, si estamos hechos para cambiar o no, es una herramienta muy poderosa de conocimiento. Estás a cinco segundos de realizar el test si no lo has hecho ya.

4.
¿A quién seducirá la inteligencia artificial?

¿A quién seducirá la inteligencia artificial? ¿Cuál será su audiencia, aquellos que se lanzarán a utilizarla con la misma avidez que un niño recoge los caramelos de la cabalgata de Reyes? La respuesta es sencilla: la IA nos seducirá a todos, nos guste o no, porque ya está entre nosotros y representa el presente y también el futuro. Su influencia será inevitable. Es cierto que hay quienes aún la rechazan, pero su resistencia probablemente sea tan efímera e inútil como la de los últimos invasores franceses ante el levantamiento de los españoles en la Guerra de la Independencia.

Juan Ignacio de Elizalde, exdirector general de Coca-Cola en España y Portugal, y yo compartimos esta idea. En la entrevista que le hice para este libro, me comunicó que está convencido de que la IA llegará «a la base de la pirámide de una manera muy amplia». Y pone como ejemplo la posesión de teléfonos móviles. Alrededor del noventa por ciento de la población cuenta con uno, incluso aunque viva en un área de pobreza. Es cierto que hasta no hace tanto tiempo a muchas personas no les convencía estar conectadas todo el tiempo, primero a través de las llamadas telefónicas y luego con aplicaciones de mensajería instantánea como WhatsApp. Sin embargo, las dinámicas sociales y laborales han ido evolucionando en torno a estas herramientas y ahora resulta casi impensable no tener un móvil si se quiere estar integrado. Vivir en sociedad implica adaptarse a las nuevas tecnologías. Con la IA va a suceder lo mismo. La competencia entre las empresas interesadas en desarrollarla es tal, que este mismo hecho facilitará su acceso a toda la población. Vivir al margen de ella significaría, en gran medida, quedar aislado del mundo y de la sociedad en la que vivimos.

Si nos preguntamos en qué sectores tendrá más impacto, quizá nos sorprendamos. Hasta hace poco, lo más habitual era pensar que afectaría principalmente a empleos poco cualificados o manuales. La realidad está demostrando ser diferente. Su influencia será transversal, de eso no cabe duda, pero determinados sectores sufrirán una transformación más pronunciada debido a su fuerte dependencia de los ordenadores y de la tecnología. «El gran detector es cuántas horas al día pasamos frente a un ordenador. La gente que está en la línea de producción, en logística, en distribución, etc., no va a tener tanto problema. A diferencia de lo que todos nos imaginábamos, que la inteligencia artificial y la robótica iban a afectar al trabajo más mecánico, está sucediendo justo al revés. Ese es el gran susto que tenemos: este último año nos ha demostrado que es más fácil reemplazar a un abogado que a un peluquero y eso supone un cambio de paradigma», explica Elizalde.

Al analizar los informes actuales de casos de éxito y aplicaciones inmediatas, Elizalde ha podido observar también que la generación de contenidos, el *marketing*, las ventas y los servicios posventa son áreas donde la IA está teniendo y va a tener en el futuro un impacto considerable. También lo tendrá en la industria de *software*. Coincido con su perspectiva. La adopción será universal, pero su influencia será muy relevante en el ámbito del trabajo del conocimiento, como ya estamos viendo y como sugiere también de forma acertada el informe de la consultora estadounidense McKinsey *El potencial económico de la inteligencia artificial generativa: la próxima frontera de la productividad.*[25]

El estudio destaca la implementación de la inteligencia artificial en cuatro sectores específicos: aproximadamente el 75 % del valor generado por ella se concentrará en las áreas de operaciones de clientes, *marketing* y ventas, ingeniería de *software* e investigación y desarrollo. El informe sugiere que el impacto de la inteligencia artificial generativa en la productividad tiene el potencial de agregar billones de dólares a la economía (entre 6,1 y 7,9 billones de dólares al año). Estas cifras, que llegan a marear, plantean la pregunta de cómo esta tecnología puede beneficiar a aquellos que trabajan en estos sectores y cómo pueden aprovecharla al máximo.

Dado que mi enfoque tecnológico se ha centrado durante muchos años en el *marketing* y la comunicación, este será el

---

25. https://www.mckinsey.com/industries/financial-services/our-insights/insurance-2030-the-impact-of-ai-on-the-future-of-insurance

ámbito al que dedicaré este capítulo. Sin embargo, esto no implica que en otros sectores, como el sanitario o el logístico, su impacto no vaya a ser igualmente maravilloso y positivo. Es crucial destacar que la inteligencia artificial generativa tiene el potencial de transformar la estructura del trabajo, así como de mejorar las habilidades de los empleados al automatizar parte de sus tareas, más concretamente, entre el 60 y el 70 %, según el informe de McKinsey. Por ejemplo, la redacción de correos electrónicos personalizados. Y, más allá de la inteligencia artificial generativa, muchas otras tareas son susceptibles de automatización: la búsqueda de información, que antes requería diez horas o incluso un día completo de trabajo, podrá realizarse de manera más eficiente; ciertos servicios telefónicos se resolverán, como ya sucede en muchos lugares, mediante un contestador automático, y las transacciones en las cajas de pago las realizará una máquina. A la gente no le importa si detrás de estos servicios hay una persona o una inteligencia artificial.

Esta automatización facilitará que los profesionales puedan centrarse en la creatividad y en el desarrollo de campañas de *marketing*. Pero ¿es eso lo que ocurrirá?

¿Serás más productivo o reducirás costes?

Al reflexionar sobre las cifras de automatización del trabajo y el aumento de la productividad tan grande que augura el informe de McKinsey, surgen diferentes cuestiones sobre el impacto que la IA tendrá sobre los trabajadores, considerando que ya no necesitarán dedicar parte de su jornada laboral a tareas que antes les llevaban mucho tiempo. Esta eficiencia podría tener varias consecuencias. Por un lado, la reducción de personal, ya que la empresa, agencia o consultora lograría los mismos resultados con menos empleados; por otro lado, la generación de nuevos servicios, la apertura de nuevas líneas de negocio o una mayor personalización de productos o servicios existentes.

Seguramente se dé una combinación de ambas situaciones. Pero, en mi opinión, lo que va a suceder será especialmente lo primero. Si me pongo en el lugar del director de una empresa o del máximo responsable de *marketing* y comunicación, pensaría antes que nada en la opción de reducir costes para mantener mis ganancias o incluso aumentarlas.

Tiene lógica tomar esta decisión porque, cuando reflexionamos sobre el aumento de la productividad en las agencias de *marketing* y comunicación, la pregunta crucial reside en el «cómo». Si antes generábamos cinco ideas con un determinado número de recursos, a partir de ahora podremos generar cientos de ideas. Este hecho representa un avance positivo, pero lo más probable es que el cliente no requiera tal cantidad de ideas; tal vez solo necesite cinco o, como máximo, diez. En consecuencia, las agencias no mantendrán los mismos recursos para producir más; lo normal, en mi opinión y en la de muchos otros expertos, es que ajusten su plantilla hasta lo que necesiten para generar las mismas cinco o diez ideas.

Este fenómeno se percibe de forma más clara con el ejemplo de una empresa de mensajería. A lo mejor, gracias a las herramientas que proporciona la IA, puede aumentar su productividad y ofrecer el doble o el triple de envíos por el mismo precio. Sin embargo, lo más probable es que el cliente no necesite más envíos y reclame el mismo número de remesas a un precio más bajo.

La cuestión radica en que, aunque la inteligencia artificial pueda producir más, hay un límite en los crecimientos anuales. No podemos aumentar nuestro consumo indefinidamente, incluso si tenemos más tiempo libre. En España somos 47 millones de habitantes con un límite de consumo. De la misma manera, puedes llegar al doble de público con tu agencia, pero siempre hay un tope. Al final, los sectores seguirán ciertos patrones de crecimiento, algunos superando la norma y otros quedándose atrás.

Es cierto que se pueden crear necesidades que antes no existían. Es lo que ha sucedido en los últimos cien años: han ido surgiendo empleos para satisfacer nuevas necesidades. Este hecho refleja una evolución en nuestras demandas y preferencias. Hay productos o servicios que hoy en día son parte integral de nuestras vidas, aunque antes no existieran o no fueran esenciales. Un ejemplo claro es la televisión y todo lo que se mueve en torno a ella.

Creo que este tipo de necesidades, más vinculadas a los servicios, tienen el potencial de seguir aumentando. La sociedad continúa generando nuevas demandas relacionadas con ellas, lo que sugiere que existe un horizonte de crecimiento en este sector. Aun así, el ajuste va a ser inevitable y adaptarse será imprescindible si no nos queremos quedar atrás.

Y es que, llegados a este punto, la pregunta fundamental es: ¿por qué buscar más productividad? A muchas personas les resultará beneficioso, pero muchas otras optarán por reducir costes.

Según relata Elizalde, en junio de 2023 asistió a una conferencia en la que Microsoft presentaba varios casos de trabajo. Uno de ellos planteaba la situación de una empresa de quinientos empleados que ofrecía servicios de atención al público para la Comunidad de Madrid. Microsoft mostró un modelo en el cual la implementación de un *chatbot* con inteligencia artificial lograba un 60 % más de productividad en este campo, así como mejoras impresionantes en cuanto a la satisfacción del usuario final.

¿Qué va a pasar, entonces, en el futuro? Cuando este servicio salga a concurso público y lo presente una empresa a un coste muy bajo porque utiliza un *chatbot* para mejorar la productividad y ya no necesita quinientas personas, sino trescientas, por mucho que la Comunidad de Madrid sea un ente público, no va a pagar de más a otra empresa solo porque emplea más gente. «Todo esto se puede atrasar o no, pero eventualmente va a ser una patata caliente y alguien se va a tener que ocupar de ella», comenta Elizalde. El emprendedor español Sergio Maldonado es mucho más directo: «Si tienes a cincuenta personas haciendo lo mismo que hace quince años, los despides y te quedas con dos». Por su parte, Javier Rodríguez, exdirector de *marketing* de

Coca-Cola en Latinoamérica, indica que «son pocos los espacios que van a quedar disponibles para que el humano genere valor por encima de la inteligencia artificial».

Estas declaraciones pueden parecer catastrofistas, pero no lo son. Los costes van a descender de manera muy acusada y los servicios que vamos a disfrutar serán mucho más eficientes. La satisfacción del cliente también aumentará. Y, por supuesto, generaremos productos de mayor calidad. Javier Rodríguez lo explica de la siguiente manera: «Ser más productivos no significa que te vayan a comprar más; también existe la posibilidad de hacer un mejor trabajo». Por ejemplo, tal vez serás capaz de crear un anuncio global que de ningún modo hubieses podido realizar sin el respaldo de la inteligencia artificial. Este logro se traducirá en más ventas, en una mejora en la imagen de la marca y en otros beneficios.

Como es lógico, habrá un ajuste en todas aquellas actividades obsoletas o negocios que se mantienen por inercia, porque existen muchos intereses y mucha resistencia al cambio. Imagina tener que decirle al director creativo que sus ideas son geniales, pero que es necesario que se adapte y aprenda a trabajar con la inteligencia artificial para llevar a cabo ciertas tareas. Lo más probable es que su primera respuesta sea negativa.

Sin embargo, lo que debería entender este creativo es que, independientemente de que sea o no un artista, la inteligencia artificial también puede generar imágenes excepcionales. Aquí radica el cambio: aquellos que anteriormente se consideraban intocables podrían descubrir que ahora están compitiendo con una herramienta poderosa.

Los sesgos arraigados en los directores creativos no se modifican fácilmente. Es un proceso que requiere tiempo y paciencia. Mientras que los más destacados y hábiles en comunicación se verán beneficiados, aquellos con actitudes inflexibles podrían enfrentarse a un ajuste inesperado. En este sentido, la IA puede servir para «espabilar» a determinados sectores de la población. Hay que recordar que la implantación de la tecnología siempre arroja un balance positivo respecto a la creación de empleo. Solo hay que estar dispuesto a adaptarse y aprender a generar valor en un mundo cambiante, el mundo de la inteligencia artificial.

En este nuevo panorama, las agencias de menor tamaño, como, por ejemplo, una pequeña agencia de *marketing* en las afueras de Madrid con unos diez empleados, deberán enfrentarse a un reto importante. La adaptación se vuelve crucial en un entorno donde la tecnología redefine las reglas del juego. Juan Ignacio de Elizalde es claro a este respecto: «El mundo es competitivo y al final del día lo que importa no es si el trabajo lo hace una inteligencia artificial, sino si el trabajo está bien hecho y es de buena calidad».

En el otro lado de la balanza, también pueden verse muy beneficiadas si saben cómo manejar sus cartas. «Una empresa unipersonal o una pyme de menos de diez trabajadores podrá pedirle al Chat GPT que se encargue de diferentes tareas y no será necesario pagar abogados, ni hacer contratos, ni llevar a cabo traducciones, ni escribir un post de internet, ni editar imágenes, ni pagarle derechos a una modelo... Hace pocos años se hubiera tenido que gastar dos mil o tres mil euros al mes para hacer todo lo que puede hacer ahora a un coste casi cero», asegura Elizalde.

Este punto es clave. Será la principal ventaja de la inteligencia artificial, la que realmente va a revolucionar el mundo del trabajo tal y como lo conocemos hoy. Y para ello usaremos los GPT personalizados, que no son más que versiones modificadas del Chat GPT que todos conocemos, diseñadas para cumplir con tareas y funciones específicas. Estas variantes permiten adaptar la inteligencia artificial a las necesidades particulares, ya sea para fines educativos, de entretenimiento o profesionales.

En tu propio GPT personalizado, puedes incluir la información que quieras para que la IA procese datos específicos que solo tú puedes proporcionarle, como documentos PDF. No dependes solo de información disponible públicamente, como la que hay en Google.

Para obtener tu GPT personalizado, necesitas una suscripción plus, que cuesta alrededor de veinte dólares al mes. Menos que tomar un café diario. Una vez suscrito, solo debes iniciar el proceso en la plataforma de OpenAI y definir el propósito de tu GPT. Aquí es importante proporcionar instrucciones detalladas, *prompts*, conocimientos adicionales y ajustar cómo quieres que funcione. Durante este proceso, también tienes la opción de especificar las acciones que no quieres que realice el GPT, como buscar información en la web, analizar datos o crear imágenes con Dall-e 3.

En realidad, no es tan diferente de entrenar a una mascota, y el Chat GPT sí te va a hacer caso.

El resultado es una herramienta de inteligencia artificial totalmente personalizada para tareas específicas. Es como tener tu propia «caja mágica» de inteligencia artificial. La potencia es asombrosa, y OpenAI ha creado ejemplos como *El negociador*, entrenado para ayudar en determinadas negociaciones. Por ejemplo, pedirle un aumento salarial al jefe sin quedarse en blanco. Más de uno va a agradecer esta herramienta, estoy seguro.

La posibilidad de que todo el mundo, incluidas las personas con un nivel adquisitivo más bajo, acceda a una tecnología como los Chat GPT personalizados a un coste casi cero va a mejorar la vida de mucha gente. Es la democratización que trae consigo la tecnología y, en concreto, la inteligencia artificial. Una pyme que esté empezando o un emprendedor podrán tener a su disposición servicios para los que antes debían desembolsar una gran cantidad de dinero.

Es obvio que existen muchas incertidumbres. Predecir lo que va a ocurrir es difícil, pero lo que tengo claro es que estará muy lejos de los augurios catastrofistas de la prensa. Miguel Moreno, exdirector del Global Social Center de Coca-Cola en Atlanta, explica que «la mayoría de las conclusiones que sacamos hoy sobre lo que va a suceder las estamos imaginando. El ritmo es tan acelerado que es muy difícil predecir de aquí a cinco años cómo esta tecnología va a influir o va cambiar la forma de hacer *marketing* tal y como lo conocemos hoy. Recuerdo el modelo de DNA de

Coca-Cola, que mezclaba arte y ciencia. La ciencia ayudaba a hacer *testeos*, a la parte numérica y cuantitativa de la práctica, pero creo que falta bastante para que la IA resuelva la parte artística de generar una idea que le ponga la piel de gallina al público. La tarea del humano para enamorar al otro humano de las marcas, para ello queda tiempo. Pero tampoco pensaba que Dall-e iba a generar imágenes a la velocidad que las genera y mira dónde estamos hoy... Cualquier previsión del futuro es susceptible de desviarse de la realidad». Por ello no debemos quedarnos de brazos cruzados: «¿Cambiar todo esto? Sí. Probar y probar como laboratorio. El problema es que no hay una fórmula mágica que se pueda copiar».

Todos estamos metidos en esto. Según explica Elizalde, vamos a pasar por un proceso de reinvención muy fuerte. «No es algo que vaya a tardar diez años. Van a ser dos. Creo que el año que viene podremos sobrevivir, pero hasta ahí no más. A fin de año se va a empezar a notar la diferencia». Personalmente no creo que vaya a ocurrir tan rápido, pero estoy de acuerdo en que las campanas de aviso están tocando desde hace tiempo. La forma tradicional de trabajar tiende a acabarse. Y yo me pregunto a qué estás esperando para cambiar.

¿Cómo puedes usar la inteligencia artificial ahora?

No nos agobiemos. Empecemos por el principio. Y el principio supone conocer cómo se está utilizando actualmente la

IA en el mundo del *marketing*. Teniendo en cuenta, eso sí, que aún estamos intentando entender cuántas tareas se pueden llevar a cabo con ella y cómo hacerlo de forma responsable, pero sin perder el *hype* y la innovación que supone.

No descubro nada nuevo si digo que la experiencia del cliente es muy diferente ahora de lo que era, por ejemplo, en los años noventa. En aquel momento, internet apenas estaba dando sus primeros pasos en el ámbito doméstico, por lo que el *marketing online* no existía. Hoy en día es todo lo contrario: se pueden buscar artículos en la Red, el *e-commerce* está en auge, es posible obtener códigos y cupones de descuento a través del correo electrónico o un mensaje de texto, y ver promociones en las redes sociales. Los anuncios en los periódicos en papel han dejado de ser un canal exclusivo y ahora ocupan un puesto secundario. La televisión, principal medio de comunicación en aquella década, mantiene un lugar predominante, pero no de la misma manera. Pierde totalmente frente a internet. Y menos mal, porque la mayoría de los programas coinciden a la hora de lanzar sus mensajes catastrofistas sobre la IA o se dedican a emitir *Terminator* una y otra vez en cuanto sale una nueva noticia sobre Chat GPT.

Miguel Moreno explica que «la inteligencia artificial ha automatizado y agilizado algunos procesos. Toda la entrada del marketing digital ha requerido la introducción de muchas tecnologías de medios, de dinamización y publicación de contenidos, pero lo básico del *marketing* sigue siendo constante: añadirle valor a una marca para que te compre a ti y no a otra empresa. Ahora hay formas de crear marca sin necesidad de utilizar el *marketing* tradicional».

La integración de tecnología moderna y la aplicación de la ciencia de datos son fundamentales para que el cliente se involucre en las estrategias de *marketing* de contenido. Por tanto, para construir una estrategia robusta es necesario aprovechar la inteligencia artificial. Existen dos enfoques: la automatización, que emplea *software* para realizar tareas repetitivas, y otra propia de la IA, que utiliza *software* para analizar datos en tiempo casi real sin interacción humana, mejorando el retorno de inversión (ROI), personalizando el contenido y proporcionando información valiosa.

Entre sus ventajas destacan las siguientes:

1. La capacidad para mejorar la gestión de datos de clientes de manera eficiente, rápida y con menor margen de error que los métodos convencionales. La recopilación precisa de datos es esencial para comprender a la audiencia, y la IA facilita su interpretación.
2. La mejora de las experiencias de los clientes mediante contenido personalizado. Utilizando algoritmos similares a los de gigantes tecnológicos como Google o Spotify, las empresas pueden adaptar sus mensajes y contenido para satisfacer las preferencias individuales de los clientes.
3. La inteligencia artificial también se presenta como un mecanismo para minimizar errores humanos en tareas rutinarias. Desde la revisión gramatical de correos electrónicos hasta la automatización del envío de mensajes, la IA

puede desempeñar un papel crucial en la mejora de la eficiencia operativa, liberando a los profesionales del *marketing* de tareas repetitivas donde pueden cometer errores.

4. En términos de retorno de inversión (ROI), la inteligencia artificial contribuye al ahorro de costes y al aumento de eficiencia. La capacidad de analizar grandes conjuntos de datos en tiempo real permite a las empresas realizar ajustes inmediatos en sus estrategias de *marketing*, maximizando así el rendimiento y la eficacia de las campañas.

5. Además, existen otras soluciones específicas de *marketing* de IA, como la publicidad programática, que automatiza el proceso de compra, creación y colocación de anuncios digitales, proporcionando a las empresas información en tiempo real sobre el rendimiento de sus anuncios.

6. Un último aspecto trata sobre la predicción de los cambios del mercado: un componente clave de la inteligencia artificial es el aprendizaje automático, que utiliza algoritmos y análisis de *big data* históricos para predecir eventos futuros. La anticipación de tendencias y la toma de decisiones basada en datos en tiempo real se vuelven posibles a través de estas tecnologías.

A nadie se le escapa, por tanto, que la inversión en inteligencia artificial es un elemento clave para el éxito en el *marketing* digital. Capacita a los profesionales para comprender a su audiencia, personalizar experiencias, minimizar errores y mejorar el rendimiento general de las estrategias. La adopción temprana de esta tecnología puede proporcionarte una ventaja competitiva frente a la competencia. Javier Rodríguez pone como ejemplo de adaptación a Tesla: «Siempre está en términos de vanguardia y es útil. Ese tipo de *marketing* tiene más valor que tener una campaña emocional y esperar la respuesta ante ese estímulo».

Manos a la obra

Ahora mismo, cada empresa vive su momento. Las organizaciones se encuentran en diferentes etapas de madurez digital y utilizan la IA para distintas funciones. Una pequeña consultora de Boston, Trust Insights, ha diseñado una matriz de dos por dos para hacer más fácil la toma de decisiones.[26] Esta matriz ayuda a determinar cómo funcionan las herramientas de inteligencia artificial generativa en los procesos de las empresas, y si las herramientas optimizan las funciones existentes o introducen procesos completamente nuevos en la organización. Sabiendo esto, los decisores podrán priorizar qué herramientas agregar y cómo implementarlas. Es algo que puede resultar muy útil para trabajar más rápido y de manera más eficiente.

La matriz diferencia, por lo tanto, entre innovación y optimización, así como entre herramientas de uso interno

26. https://tamames.com/newsletter-buzzwords/estas-usando-usando-la-ia-generativa-correcta-en-tu-empresa-encuentra-tu-herra mienta-ideal/

y las que utilizamos para el cliente y/o *partner* externo. Lo que para una empresa es una auténtica innovación (por ejemplo, una nueva herramienta de contenido para alguien que escribe regularmente en blogs), para otra puede ser simplemente una mejora en su proceso diario. Te animo a preguntarte dónde encajas tú en esta matriz y cómo crees que lo puedes aplicar a tu caso.

Por ejemplo, una empresa del sector seguros y financiero podría rellenar la matriz incluyendo lo siguiente:

* *Chatbots* que expliquen el contenido y las cláusulas de una póliza.
* Redacción de contenidos.
* Limpieza de datos.
* Generación de informes.

Al identificar estos casos en la matriz, puedes conocer fácilmente qué áreas necesitan atención más urgente, y te ayudará a tomar mejores elecciones. Este es solo un ejemplo. Al final, lo importante es diseñar un sistema o proceso de toma de decisiones, a partir del cual introducir la inteligencia artificial generativa en nuestra empresa. Asimismo, es fundamental una autocrítica previa: no se trata de lanzar otro «precioso y desfasado» producto que rebose en el mercado de lo innecesario.

La inteligencia artificial generativa también puede respaldar las prioridades de *marketing*, incluido el crecimiento de los ingresos, la agilidad/velocidad de comercialización, la optimización de costes, el desarrollo de talentos y la reducción de riesgos. La clave es identificar para qué casos de uso se puede implementar la IA de manera efectiva hoy para satisfacer las necesidades de tu empresa y tus empleados e impulsar la transformación futura. La cuadrícula que presentamos a continuación traza los casos de uso de máxima prioridad frente al valor empresarial y los ejes de viabilidad, lo que invita a conversaciones estratégicas e impulsa las decisiones de inversión.

Que no te hunda la ola

Actualmente estamos inundados con ejemplos que buscan más el *clic* en los medios de comunicación que la utilidad para el consumidor, como los *deepfakes*, la creación de carteles de películas al estilo Pixar y doblajes al inglés de personalidades vivas o muertas. La primera fase de adopción está siendo principalmente personal, con el Chat GPT, pero muchos expertos piensan que de aquí a 2030 vamos a vivir una época dorada. La tecnología, la creatividad y una gran cantidad de datos serán la base de la teoría del *marketing*.

El verdadero impacto de la inteligencia artificial generativa se materializará en las siguientes fases, que serán transformadoras. La evolución va a ser meteórica y, si quieres innovar, deberás ser rápido. Ese será uno de los desafíos fundamentales: desarrollar un talento capaz de adaptarse a los cambios vertiginosos. Modificar las costumbres y la forma de concebir el mundo de manera ágil ha sido siempre un desafío para el ser humano; hay miles de ejemplos a lo largo de la historia. Por este motivo, es necesario encontrar formas innovadoras de desarrollar, entrenar y adquirir nuevas habilidades.

La era que está por llegar exigirá enfoques que involucren a toda la organización (*spoiler*: no te olvides de la parte legal), promuevan el aprendizaje constante a través de ciclos de retroalimentación iterativa y sean diseñados para moldear nuevas capacidades y procesos. Porque si hay algo claro es que la inversión en inteligencia artificial, *big data* y análisis es clave para el éxito en el *marketing* digital. Para Miguel Moreno, «los modelos tradicionales están muertos». Javier Rodríguez opina lo mismo: «El *marketing* como tal no está muerto, pero la forma en la que las empresas lo están desarrollando va a acabar. Perpetuar un modelo que en el futuro va a ser menos relevante». Coincido con ellos.

Según el informe de McKinsey, se espera que en 2030 el enfoque del *marketing* sea más fluido, ya que todo será susceptible de comprarse y venderse. Cualquier cosa podrá pasar a ser un producto o un servicio. En ello tendrá mucho que ver la introducción en el mercado de los *criptoactivos* y la utilización de la red *blockchain*. Se trata de un tema complejo en el que no voy a ahondar en este momento, aunque conviene no perderlo de vista.

En este escenario, la economía de la experiencia será fundamental, y ofrecer servicios integrales será clave. La creatividad, tanto humana como artificial, jugará un papel crucial y requerirá un equilibrio entre el pensamiento convergente (racionalidad, toma de decisiones) y divergente (imaginación, creatividad). Según Javier Rodríguez, «existe una tendencia y una contratendencia. La IA está para elaborar un *marketing* más personalizado y de mayor precisión, pero la parte de contenidos está en lucha para no perder la parte de conexión humana que genera lealtad. Está por verse cuáles son las cosas que ya no necesite hacer el marquetero sino la máquina».

Tenemos que ser capaces de adaptarnos si no queremos sucumbir, aferrados a nuestras creencias y a la comodidad de nuestra vida anterior. No lo digo yo, lo decía ya Charles Darwin en su teoría de la evolución. ¿Qué puedes hacer, entonces, para sobrevivir en este mundo nuevo y cambiante?

En primer lugar, tener una actitud de «inspiración» y no de «miedo». ¿Qué quiero decir con esto? La inspiración supone intentar hacer cercanos los retos que se nos plantean. Para ello es muy importante que los trabajadores cuenten con la formación adecuada. Las compañías tienen que facilitar el uso de la IA a sus empleados y generar una cultura enfocada en la curiosidad ante lo desconocido, no en el temor. Es importante una actitud proclive al aprendizaje.

Hay que evitar, por tanto, un acercamiento desde el miedo. A día de hoy, muchos profesionales de grandes empresas no entienden la diferencia entre inteligencia artificial e inteligencia artificial generativa, cosa que es normal, pero no preguntan porque se supone que tienen que saberlo, y eso solo genera un círculo vicioso de rechazo a las nuevas tecnologías. Mi consejo es promover mejor una actitud de inspiración y acercamiento.

Más allá de este primer enfoque, es importante la ingesta y la lectura de *data* para la personalización de los contenidos. Uno de los grandes desafíos es conseguir los datos para construir la herramienta de IA. Podrá ayudar el proceso de *briefing*, digerir *data* de *excels* y generar un cuadro de analítica al vuelo. También son útiles las iniciativas internas: Knowledge Hub permite digerir mucho dato no estructurado.

Otra habilidad necesaria será aprender a elaborar buenos *prompts* para resolver un problema. Ya no hará falta conocer los lenguajes de programación, porque puede resolverlo una inteligencia artificial. La clave está en cómo preguntar para obtener lo que queremos.

Es necesario comprender de forma efectiva cómo están funcionando las herramientas de IA en la actualidad y cómo evolucionan. No hay que perder de vista a empresas como Open AI, Estable Diffusion, Nvidia, etc. Leer y hacer *research* es maravilloso, pero el aprendizaje se hace efectivo cuando lo realizamos con las nuevas herramientas.

Y recordemos que, a pesar de todo, detrás de cualquier negocio siempre hay una persona, y las personas siguen siendo impulsadas por emociones.

Según el estudio de McKinsey, a pesar del surgimiento de tecnologías de inteligencia artificial más potentes, los profesionales del *marketing* seguirán desempeñando un papel crucial en las operaciones. Este ciclo continuo no solo reduce costes y mejora el rendimiento, sino que también facilita la identificación de nuevos clientes, incluso cuando sus comportamientos son impredecibles.

Hace poco me hablaron de un caso en el que se llevó a cabo un proceso de *brainstorming* con inteligencia artificial y otro sin ella. El resultado fue que, con la inteligencia artificial, se generaron muchas más ideas, pero similares, mientras que en el *brainstorming* con personas surgieron menos ideas, pero muy diferentes entre sí. Por tanto, en actividades como estas no sería adecuado, en principio, prescindir de los creativos.

La conexión entre la inteligencia artificial y los profesionales del *marketing*, donde ambos aprenden mutuamente, ha demostrado multiplicar los resultados empresariales. La experiencia de algunos profesionales es esencial para guiar eficazmente la inteligencia artificial. Sus contribuciones son clave en áreas como presupuestos, estrategias de puja, audiencias y creatividad.

Busca tu propósito

Tengo muchas dudas, como todos, sobre el futuro. No cuento con una varita mágica que me diga lo que va a pasar. Como es obvio, tengo mi ideología y mi opinión sobre muchos aspectos. Sin embargo, independientemente de lo que ocurra, tanto las personas individuales como las empresas deberían reflexionar sobre su propósito. Me pregunto cuánta gente, en la actualidad, recapacita sobre su trabajo en lugar de cumplir con sus responsabilidades sin más. En los próximos tres años, esta reflexión será fundamental. En la actualidad, hay industrias fundadas hace tanto tiempo que han perdido de vista su razón de ser. Se limitan a seguir la corriente, sin dedicar tiempo a considerar su misión, su visión y sus valores. En lugar de recapacitar, continúan produciendo y ofreciendo servicios por inercia. En el caso del *marketing* digital, y según explica Miguel Moreno, «se ha degradado en los últimos diez años porque se ha generado una gran presión en el entorno digital debido a que tenemos muchos canales de comunicación y hay que llenarlos con contenido sí o sí, especialmente audiovisual, porque los algoritmos los priorizan».

Cuando se fundó Coca-Cola, por citar un ejemplo, surgieron muchas empresas más pequeñas que prosperaron gracias a su presencia. Coca-Cola requería servicios de agencias de *marketing* y de empresas de eventos, entre otros. Si estas compañías comienzan a realizar esas actividades mediante la inteligencia artificial generativa, las pequeñas compañías de *marketing* se verán obligadas a reconsiderar su propósito. El problema de estas empresas o emprendedores surge cuando su entorno económico, empresarial o tecnológico experimenta cambios; en ese momento, se encuentran desorientados, sin saber cómo adaptarse.

Es crucial ser consciente de esta transformación y reflexionar sobre el propósito individual y empresarial. ¿En qué áreas necesitas formarte? ¿A qué tipo de empresa debes adaptarte o en cuáles debes involucrarte? ¿Es esencial adquirir conocimientos en inteligencia artificial?

Conocer el propósito de tu labor requiere mirarse en un espejo y pensar qué tareas no puede realizar una máquina o una inteligencia artificial. La triada perfecta consiste en identificar qué te gusta, entender para qué eres necesario y reconocer tus habilidades. Este es el objetivo que todos deberíamos perseguir: realizar una tarea que sea necesaria, que nos apasione y que hagamos bien.

Este proceso constituye el primer paso para adaptarse a los nuevos tiempos que se avecinan. Si nos aferramos a la idea de ofrecer los mismos servicios de la misma manera, nuestro futuro no va a ser muy halagüeño. Nuestro propósito podría desvanecerse, y nuestra labor, perder sentido.

Supongamos que diriges una empresa que ofrece diferentes servicios, entre ellos la organización de eventos; es posible que debas replantearte la cantidad de tiempo que dedicas a cada cosa. Tal vez, si antes organizabas pocos eventos y llevabas a cabo mucha gestión de contenidos, ahora deberías darle la vuelta a esa proporción, ya que la labor humana involucrada en los eventos no puede ser replicada por una máquina. La capacidad de comprender hacia dónde se dirige el mercado y de ajustar tu enfoque puede marcar la diferencia. Si una empresa adopta este enfoque positivo y se adapta a las nuevas tendencias, es probable que no tenga que tomar decisiones difíciles, como despedir empleados.

Todos estamos inmersos en este proceso de cambio, y aquellos que ya están tomando medidas tienen una gran ventaja. Aunque la transformación puede no ser tan rápida como algunos dicen, las señales de alarma llevan sonando desde hace tiempo. En otras palabras, estas señales, estas alertas, indican que el tiempo para la adaptación está llegando a su fin. La inacción podría resultar en quedarse rezagado en un entorno empresarial en constante evolución.

Las herramientas también están experimentando cambios; mientras que antes la *expertise* residía en el paquete Office, las de la inteligencia artificial representan una nueva *suite* de trabajo, como la describen los estadounidenses. Elizalde lo explica muy bien: «La tecnología no va a ser una barrera, porque Microsoft te lo va a ofrecer dentro de las mismas herramientas que el Word, el PowerPoint, el Excel, etc. La tecnología va a llegar bastante rápido. El gran desafío es el cultural: es cómo incorporo esto a mi forma de hacer las cosas. Y ese desafío tiene que ver con la gente. Cambiar la cultura es siempre complicado, va a llevar tiempo». El éxito o no depende de lo plástico que sea el director de *marketing*. Hay gente que lo único que desea es esperar cómodamente a la jubilación. Otros se van a querer transformar. El que lo sepa hacer no va a tener problema, pero al primero, la IA le va a quitar el trabajo.

Esta es una carrera tan sofisticada que no puede detenerse. Es una competición que va más allá de la tecnología, y es posible que algunos elementos, como la política, intenten frenarla. Pero lo que quiero transmitir es que, aunque puedan poner parches temporalmente, llegará un momento en que será imparable. Es similar a la evolución del tele-

trabajo; antes no era posible en ciertos ámbitos gubernamentales y en muchas empresas, pero la pandemia obligó a
adaptarse y ya no hay marcha atrás.

En este sentido, los gobiernos y la sociedad pueden intentar frenar este cambio, pero existe un vasto terreno de
oportunidades y avances en productividad para aquellos
que buscan mejorar. Sin embargo, para quienes resisten al
cambio, puede generar problemas para los demás, ya que se
deben idear soluciones para contentar a quienes no están
cómodos con la transformación.

Como dice Miguel Moreno, «la resistencia al cambio se
ve patente en la sociedad y a veces es expresada con miedo.
Se debe a una incapacidad de adaptarse al cambio por la
velocidad a la que va llegando. Y se ve en la legislación, en
los sistemas educativos y en cómo salen preparados los
alumnos. El problema es exponencial».

Todos vamos a ser creativos

Me apasionan el *marketing* y la tecnología; y en relación
con estos dos conceptos hay una realidad emergente: poco
a poco, todo se vuelve medible, gestionable y estructurable.
Siguen existiendo aspectos intangibles, pero cada vez hay
menos, lo cual, bajo mi punto de vista, es muy positivo.
Existe la creencia arraigada, que comparto, de que lo que
no se puede medir tampoco se puede gestionar. Y, sin embargo, es sorprendente observar cómo en algunos sectores

importantes no se presta suficiente atención a la medición o se realiza de manera deficiente. La edad dorada está por venir, especialmente en términos de una expresión más precisa y efectiva en este ámbito, y aún no lo hemos presenciado en su totalidad.

El crecimiento de la creatividad y de la productividad va a ser enorme. Antes, la creatividad se medía según la capacidad imaginativa o las ideas innovadoras que tuviera un artista. No obstante, la realidad actual nos permite ir más allá. Cualquier persona tiene la posibilidad de indicarle a un programa como Dall-e o similar que diseñe una imagen específica. Por ejemplo, de un estadio de fútbol español, pero junto al mar o entre montañas, y lo hace con un nivel asombroso.

La tecnología nos brinda la posibilidad de explorar nuestras facetas artísticas. Todos vamos a tener la oportunidad de convertirnos en músicos, en pintores o en escritores. Cuando un emprendedor le pide a un diseñador que realice un boceto, puede tardar hasta dos semanas en llevarlo a cabo. Sin embargo, ahora, incluso su sobrino podrá hacerlo, en menos tiempo y con un resultado espectacular.

Este es el motivo de que la generación de contenido sea lo que más rápido se está desarrollando dentro del mundo de la inteligencia artificial: es una capacidad asombrosa y produce admiración al plasmar la imaginación de maneras que antes parecían impensables. La unión entre el hombre y la máquina consigue que cualquier ventaja se multiplique de manera exponencial. Es similar a la manera en la que, a través de la tecnología, todos nos convertimos en periodistas hace apenas una década.

Más allá de la oportunidad de crecimiento que ofrece a las personas individuales, el abanico de posibilidades va mucho más allá. Si nos detenemos a reflexionar sobre la historia de la democracia occidental, aún no hemos logrado que recursos como la educación y la sanidad alcancen de manera equitativa a todos los estratos sociales. Se podría argumentar que, si bien existe un esfuerzo por parte de los estados, los resultados no son los requeridos, especialmente para aquellos menos privilegiados. Este dilema plantea la pregunta de si estamos realmente cumpliendo con los ideales democráticos y educativos que deberíamos haber logrado. La respuesta es no, y los motivos son variados y complejos.

Lo que es evidente es que la tecnología puede llegar donde no lo están haciendo los diferentes estados. Si en lugar de depender de iniciativas gubernamentales, determinados servicios fueran abordados por empresas privadas, serían mucho más efectivos. Imagina una compañía especializada y dedicada a crear tecnologías innovadoras para evitar tragedias como el suicidio. Los resultados serían mejores. Con otro tipo de enfoque y de políticas, podríamos, en lugar de depender exclusivamente del estado, instar a empresas privadas a idear soluciones efectivas y creativas.

Es un tema relevante, ya que, por ejemplo, muchos niños y jóvenes se enfrentan a problemas graves como el acoso escolar y llegan al extremo del suicidio en algunas ocasiones. En estos casos, considerar la intervención de una máquina especializada en la prevención del suicidio podría ser una opción más efectiva y sensible ante ciertos desafíos que enfrentamos como sociedad. Porque donde no están llegando las políticas del estado sí lo está haciendo la tecnología. Esta opción permitiría un mayor dinamismo y creatividad en la búsqueda de soluciones que realmente salven vidas. Podría ser una forma de aprovechar el potencial de la inteligencia artificial para abordar problemas sociales apremiantes.

Si colocamos el foco aún más allá, nos daremos cuenta de que trabajadores y emprendedores de todas las nacionalidades (colombianos, indios, chinos...) aprovecharán el empuje de la inteligencia artificial porque tienen hambre de progresar. Ellos también quieren vivir bien, ir al fútbol sin preocupaciones, contar con una buena sanidad pública, y es comprensible. El problema es que, al mismo tiempo, muchos de nosotros, que queremos mantener nuestro estilo de vida, nos veremos obligados a cambiar para poder competir. Personalmente, creo en la idea de que a veces es necesario destruir para construir algo nuevo.

En el ámbito del mundo empresarial, es probable que surjan otras empresas en lugar de las que se vean obligadas a cerrar. La perspectiva de cierre no debería limitarse únicamente a la pérdida, sino que podría verse como una oportunidad para la creación de nuevas iniciativas. Reflexionando sobre esto, me viene a la mente la experiencia de mi barrio. Antes, había un colmado que vendía vino, similar a los que se retratan en la serie *Cuéntame*. A pesar de que un buen día cerró, surgieron nuevos establecimientos que ofrecían una experiencia diferente. Es cierto que para el dueño del colmado la experiencia no fue positiva, pero en lugar de quedarse estancado en la pérdida quizá podría haberse reinventado creando un nuevo negocio, como un bar.

Por este motivo, considero que enfocarse en la creatividad y en la adaptabilidad es más constructivo que solo lamentar el cierre de determinadas empresas o la pérdida de algunos empleos. En ocasiones, nos preocupamos por situaciones que, en realidad, podrían abrir paso a nuevas oportunidades. La sociedad tiende a inquietarse por los demás, aun cuando el otro no necesariamente solicita nuestra preocupación. A veces, simplemente desearíamos que nos permitieran vivir nuestras vidas sin interferencias, sin imponer obstáculos innecesarios.

En resumen, la sociedad va a cambiar y, por lo tanto, el *marketing* también. Es de los sectores que más van a notar el impacto de la inteligencia artificial. Sin embargo, el que quiera cambiar lo conseguirá y se mantendrá, ya sea empresa o profesional. Solo el que se resista al progreso necesitará acudir a la legislación y querrá prohibir el avance de la tecnología. El resultado tarde o temprano, de todas formas, será el mismo.

5.
Los sesgos de la inteligencia artificial

Vivimos en una era de constante cambio, donde lo que tenía valor ayer pierde relevancia hoy, y lo que es válido en el presente podría quedar obsoleto mañana. Mientras la Unión Europea se encuentra inmersa en el proceso de implementar una férrea legislación sobre la inteligencia artificial, empresarios, emprendedores y la sociedad en general ya han adoptado el uso de esta tecnología y se están beneficiando de sus ventajas.

En este *impasse*, las opiniones sobre los aspectos negativos de la inteligencia artificial surgen como setas, a menudo sin haber reflexionado seriamente sobre el tema. Resulta sorprendente escuchar a políticos como José María Aznar, poco sospechoso de ser «regulacionista», manifestar la necesidad de legislar con dureza esta tecnología. En una charla reciente con el vicepresidente de la Comisión Europea, Margaritis Schinas, Aznar comparó la potencial peligrosidad de la inteligencia artificial con la de la energía nuclear,[27]

27. https://www.20minutos.es/noticia/5172900/0/aznar-lla
ma-controlar-inteligencia-artificial-como-se-hizo-con-energia-atomica/

ni más ni menos. Por su parte, el parlamentario europeo ha llegado a declarar que, en Europa, «los algoritmos no estarán en las manos de los ingenieros de *software*, sino en las manos de la sociedad».[28]

El actual presidente del Gobierno, Pedro Sánchez, no se queda atrás. En su discurso de investidura en la última legislatura señaló que el impacto de la inteligencia artificial sería aterrador y que podría eliminar la mitad de los empleos en España.[29] Me pregunto si se estará preparando para la que se avecina respecto a sus políticas económicas. Sea como fuere, anunció su intención de implementar regulaciones al respecto antes de que concluya su mandato.

De esta manera, observamos que las voces alarmistas no solo provienen de los medios de comunicación, sino también de políticos influyentes. No es sorprendente que, con tales referencias, el ciudadano común se encuentre sumido en un estado de incertidumbre permanente y quiera protegerse de la llegada de *Skynet*.

Por suerte, existen otras voces autorizadas que no siguen este camino derrotista. En septiembre de 2023, en el en-

28. https://multimedia.europarl.europa.eu/es/video/digital-future-of-europe-digital-single-market-and-use-of-ai-for-european-consu mers-closing-statement-by-margaritis-schinas-vice-president-of-the-european-commission_I205746

29. https://www.europapress.es/economia/noticia-sanchez-plan tea-davos-prestar-menos-atencion-promesas-vacias-gurus-silicon-valley-ia-20240117180453.html

cuentro luso-español *Desafíos del siglo xxi*, el rey Felipe IV calificó a la inteligencia artificial como un cambio histórico y aseguró que «lograr que tales cambios conlleven oportunidades realmente beneficiosas para toda la sociedad es el mayor reto que debemos asumir con plena responsabilidad y compromiso, pero también con esperanza».[30] Para el rey, la IA supone una triple oportunidad: un método para la búsqueda de soluciones, un medio de progresión social y una necesidad para que España se mantenga a la vanguardia.[31]

Mi opinión a este respecto ha quedado clara a lo largo del libro, y por lo tanto coincido con las palabras que el profesor y economista David Friedman me trasladó respecto a este tema: «No creo que la regulación del Gobierno vaya a ser buena» y, desde luego, «la inteligencia artificial no va a ser un arma de destrucción masiva». Muy al contrario, tiene muchas ventajas: «Mi lectura optimista es que la tecnología va a permitir que se detenga el envejecimiento».

¿A quién hacemos caso? ¿A los que piensan que la IA va a destruirnos, o a quienes creemos que va a mejorar la vida de la población en general hasta cotas que ni siquiera somos capaces de imaginar? Yo estoy convencido de qué lado estoy. ¿Lo estás tú?

---

30. https://www.elperiodico.com/es/vida-y-estilo/20230930/rey-felipe-avisa-reto-inteligencia-artificial-dv-92749478

31. https://www.eleconomista.es/industria/noticias/12491345/10/23/felipe-vi-los-debates-empresariales-son-fundamentales-para-la-convivencia-democratica-de-la-sociedad.html

Regulación en Europa versus regulación en Estados Unidos

El 25 de noviembre de 2023, la Unión Europea (UE) llegó a un principio de acuerdo con el Parlamento Europeo para regular el uso de la inteligencia artificial en diferentes aspectos. Este proyecto supone la primera norma del mundo para el desarrollo y la aplicación de la IA. Aunque los plazos son ajustados, y como era previsible, en marzo de 2024 quedó aprobada por la Comisión Europea. Una suerte de chapuza burocrática europea que cercena la innovación empresarial y se centra en la tecnología, otra vez, que hará que quede desfasada en pocos años. Otra vez. No aprendemos.

En consonancia con este objetivo, en noviembre de 2023 el Consejo de Ministros aprobó un real decreto que autorizaba al Ministerio de Asuntos Económicos y Transformación Digital, a través de su Secretaría de Estado de Digitalización e Inteligencia Artificial, a lanzar la convocatoria para que las empresas participasen en el entorno controlado de pruebas, conocido como *sandbox*, del Reglamento Europeo de Inteligencia Artificial.

La idea es que la ley europea entre en vigor en un plazo de dos años. Ni que decir tiene que, en este periodo, la inteligencia artificial se habrá extendido de tal forma que será imposible ponerle freno. En el encuentro que tuve con Juan Ignacio de Elizalde, él comentaba que era tarde para regularla, y estoy totalmente de acuerdo. Añado que no solo es tarde, sino que su efecto será muy limitado, puesto que, si una empresa no quiere seguir la normativa, basta con que traslade su actividad a cualquier otro lugar del mundo. Algo parecido ocurre en la actualidad en relación con, por ejemplo, los impuestos. Países como Emiratos Árabes Unidos (y en particular Dubái), donde no existen, son verdaderamente atractivos para los inversores. No sé si habrás tenido ocasión de conocer cómo funcionan estos países, pero, si es así, estarás de acuerdo conmigo en su gran potencial económico.

La inversora Ada Yin Heinrich comparte esta opinión. Ella lo explica de la siguiente manera: «Se pueden regular, pero las innovaciones ocurren en tantos sitios y tienen tantas variedades que son difíciles de controlar, a no ser que seas como China, que tengas un mandato del Gobierno que cierra instalaciones y que las supervisan en todo». Esta referencia a un país dictatorial me parece muy acertada, porque es en lo que nos podemos llegar a convertir. Y continúa: «Esto no se puede parar. Vamos a tener que buscar formas de regular, pero en cuanto al resultado, no puedes poner a un gato en una bolsa porque al final va a escaparse».

En este sentido, merece la pena diferenciar entre la regulación que se está llevando a cabo en Europa y la de Estados Unidos o el mundo anglosajón. La europea se trata de un texto «pionero a nivel global en lo que se refiere a su aproximación, en tanto que centra su foco en la tecnología y en sus casos de uso, y no en sectores de actividad, a diferencia de lo que han hecho otros territorios, como Estados Unidos o Reino Unido, que han optado por una aproximación más centrada en revisar las diferentes normas sectoriales que puedan verse impactadas por la inteligencia artificial», según indica el *paper*[32] de la normativa.

Personalmente, estoy más alineado con la cultura anglosajona, mucho más laxa. Allí van a la raíz del problema, no ponen la tirita antes de la herida. El legalista Alejandro Touriño tiene clara también esta diferenciación, que él clasifica en dos grandes aproximaciones:

1. En Estados Unidos y Reino Unido, en lugar de poner el foco en la tecnología, lo ponen en los sectores de actividad, como el sanitario, la energía verde, etc., y modifican las normas existentes según el impacto que sobre ellos tenga la inteligencia artificial.
2. En Europa, lo que se está haciendo es justo lo contrario. La aproximación no es por sectores de actividad, sino por tecnología. Establece sistemas de inteligencia artificial que no son aceptables porque tienen un riesgo alto, otros de riesgo medio y que se permitirán con supervisión humana, y unos terceros de nivel bajo sin riesgo, que serán permitidos sin problemas.

A juicio de Touriño, el principal riesgo (y el principal error, bajo mi punto de vista) de este tipo de regulación es la clasificación que hace: riesgo inaceptable (usos no permiti-

32. https://www.gov.uk/government/publications/ai-regulation-a-pro-innovation-approach/white-paper

dos), riesgo alto (exigencia alta de contramedidas), riesgo medio (exigencia media de contramedidas) y riesgo bajo (usos permitidos).

En el siguiente gráfico se observan muy bien estos niveles:

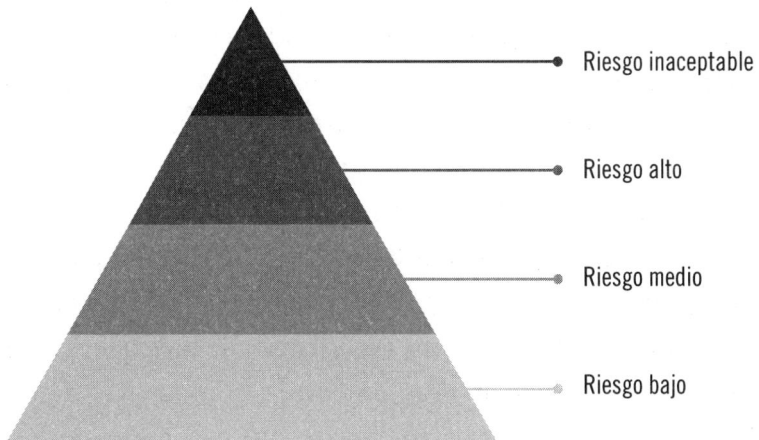

● Riesgo inaceptable

● Riesgo alto

● Riesgo medio

● Riesgo bajo

Fuente: Digital Strategy[33]

Touriño explica que la IA de riesgo bajo consistiría en las recomendaciones que realizan aplicaciones como Netflix y Spotify en relación con nuestras preferencias de ocio; las de riesgo medio serían, por ejemplo, una IA que revisa currículos de personas para la selección de trabajadores (en este caso necesitaría supervisión para que no se produjeran discriminaciones). Y las de riesgo alto consistirían en IA como la que se ha puesto en marcha en China para el control

33. https://digital-strategy.ec.europa.eu/en/policies/regulatory-framework-ai

masivo de ciudadanos o tecnología capaz de cambiar la intención de voto de las personas.

Estoy seguro de que coincidirás conmigo en que el peligro de regular la IA de esta manera es que, al ritmo que evoluciona la tecnología, la normativa se quedará obsoleta rápidamente. Piensa qué puede suceder en el caso de aplicaciones que actualmente son consideradas de grado bajo, es decir, aceptables, pero que evolucionen y se coloquen en otra categoría o, como en el caso de GPT, requieran evaluaciones más específicas. ¿Para qué servirá entonces?

Touriño lo explica de esta manera: «La legislación anglosajona la veo más pragmática, la europea está demasiado anclada a la tecnología y mi experiencia me dice que esta va cambiando en plazos muy cortos de tiempo. Me da un poco de apuro este esfuerzo enorme que está haciendo Europa para que dentro de uno, dos o tres años haya casos de uso que se queden fuera de la norma».

Tenemos un antecedente cercano: la cuestión de las *cookies,* por ejemplo, una legislación centrada en la tecnología que ya no sirve de nada. La norma quedó en desuso en el momento en el que aparecieron otras herramientas de seguimiento y rastreo como los píxeles. Además, ¿qué valor tienen? Que levante la mano el que se haya leído alguna vez los textos de las *cookies.* ¿Lo has hecho tú?

De la misma manera opina Jennifer Huddleston, investigadora de políticas tecnológicas en el instituto estadounidense Cato: «Un problema que solemos ver en Europa tiene que ver con la regulación de internet, que se entromete con la de la inteligencia artificial porque hace falta también que se utilice para ella, por ejemplo, el Reglamento General de Protección de Datos (GDPR). Y lo cierto es que la tecnología va más rápido que la legislación, porque esa legislación ha sido concebida para una tecnología, y si esta avanza la deja atrás relativamente rápido».

Tanto en Estados Unidos como en Europa, un uso indebido de mis datos personales, sea o no a través de la inteligencia artificial, es una práctica penalizada y susceptible de denuncia. De hecho, la transparencia en este proceso sería mayor que en otros gracias a la naturaleza abierta de la tecnología utilizada, basada en *software* libre. La capacidad de verificar si se están cumpliendo las normativas es una de las ventajas de internet. Como comenta Jennifer Huddleston, «antes de entrar a legislar lo que habría que hacer primero es examinar cuáles son los principales problemas que hay con la inteligencia artificial y si estos ya están recogidos en las leyes existentes. La IA es una herramienta y en sí misma no es mala, lo que sucede normalmente es que hay personas que la utilizan mal».

Podemos pensar en el inconveniente que tuvo hace algún tiempo Air Europa con la filtración de datos personales de sus viajeros. Ante este problema, nadie propuso una regulación específica para las páginas web de aerolíneas con el objetivo de evitar la pérdida de información de tarjetas de crédito, porque hubiera resultado absurdo. Y, además, incluso con regulaciones específicas, si una aerolínea es *hackeada* no se puede garantizar la seguridad absoluta.

También podemos considerar a OpenAI, que se alimenta de hasta diez fuentes de información, desde Wikipedia hasta la BBC. *The New York Times*[34] ha decidido denunciarla alegando el uso no autorizado de su contenido. Pero, al final, es exactamente lo mismo que cuando alguien recopila en su página web o su blog las mejores herramientas y profesionales de *marketing* que ha leído en un artículo periodístico. Estas acciones ya están protegidas por legislaciones europeas y americanas.

Eso no significa que no sea un reto abordar determinados aspectos o actualizar las leyes existentes. En Estados Unidos hay en este momento procedimientos judiciales no resueltos sobre derechos de autor, donde se deberá dilucidar si la actividad es legal o no, dependiendo de en qué consista el aprendizaje de la máquina. Touriño lo explica muy bien: «Si lo que hace la máquina es lo mismo que un humano, es decir, se inspira en determinadas obras y luego crea una nueva, la jurisprudencia considera que la inspiración es libre, por lo que no habrá problema; si, por el contrario, se considera que lo que hace la máquina es leer e indexar una gran cantidad de contenido ya existente y simplificarlo como un montón de píxeles que reconfigura y utiliza para crear una obra nueva, pero basada en una existente, requeriría de los derechos de la autorización por parte de los titulares originales».

34. https://cincodias.elpais.com/companias/2023-12-27/new-york-times-demanda-a-openai-y-microsoft-por-violacion-de-dere chos-de-autor.html

El problema es que este tipo de acreditación es muy compleja. Existe un caso paradigmático con una inteligencia artificial generativa, Stable Diffusion,[35] que se está discutiendo actualmente en Estados Unidos. El demandante argumenta que se está utilizando su contenido sin autorización, mientras que el propietario de la herramienta dice que lo que está haciendo se asemeja a lo que ocurre cuando un artista acude a un museo y se inspira en algún cuadro para generar otro contenido. ¿Quién tiene razón? No lo sé y, desde luego, no tengo una bola mágica para saber cuál será la solución a este litigio. Alejandro Touriño tampoco, aunque él considera que el impacto de la inteligencia artificial será tan salvaje que «habrá una suerte de interpretación de la norma que vaya en el sentido de entender que hay una inspiración, porque así se hizo en el pasado con la comunicación pública de los enlaces de Google».

Ahora mismo estamos inmersos en un proceso de adaptación y cambio. Es normal, porque todo evoluciona muy deprisa y no estamos preparados para afrontarlo. En 2022, hubo en Estados Unidos ciento diez casos judiciales relacionados con la inteligencia artificial, aproximadamente siete veces más que en 2016. Un análisis del Índice AI de los registros legislativos de ciento veintisiete países

35. https://www.europapress.es/portaltic/sector/noticia-artistas-presentan-demanda-colectiva-contra-stable-difussion-infringir-derechos-autor-arte-creado-ia-20230116130356.html

pone de manifiesto que el número de proyectos de ley que contenían «inteligencia artificial» que se convirtieron en ley pasó de solo un caso en 2016 a treinta y siete en 2022. Un análisis de los registros parlamentarios sobre inteligencia artificial en ochenta y un países muestra asimismo que las menciones de la inteligencia artificial en los procedimientos legislativos han aumentado casi 6,5 veces desde 2016.[36, 37]

La postura de Estados Unidos respecto a la inteligencia artificial se basa en mantener su flexibilidad, adaptándose a situaciones de riesgo o daño específicas, y Europa debería seguir ese mismo camino. Un enfoque flexible de la regulación, orientado hacia la libertad de las personas, es el que ha convertido a Estados Unidos en líder en innovación tecnológica, y no deberíamos perder eso de vista. Lo ideal es adaptar estrictamente las intervenciones necesarias para responder a los daños que, de otro modo, no se abordarían, y a los usos o aplicaciones específicos de la tecnología. La toma de decisiones sobre qué aplicaciones son más beneficiosas para los consumidores debería recaer en estos y en los innovadores, no en los gobiernos.

36. https://aiindex.stanford.edu/wp-content/uploads/2023/04/HAI_AI-Index-Report-2023_CHAPTER_6-1.pdf
37. https://iapp.org/media/pdf/resource_center/global_ai_legislation_tracker.pdf

Libertad de elección

Lo que está claro es que un tipo de regulación como la que pretende imponer la Unión Europea afectará negativamente a todo el mundo: a los consumidores, a los trabajadores y a los empresarios. Sí, también te afectará a ti, porque todos estamos dentro de al menos uno de esos grupos. Además, esta norma tendrá un amplio impacto no solo en Europa, sino también otros países que comparten sistema jurídico con el nuestro, como Iberoamérica.

Para el emprendedor Sergio Maldonado, la consecuencia directa de determinadas protecciones será que el algoritmo que utilicemos a partir de ahora nunca será tan bueno como el primero. Las herramientas más fuertes serán las que estén ancladas en tu propio repositorio. «La solución es lo que hizo OpenAI al sacar los GPT personalizados propios. Coges tu base de contratos de políticas de privacidad, las metes en tu repositorio, y ellos no se la juegan con la protección de datos de mi contenido, ganan dinero de lo que yo saco, con mi propio *output* en su propio Marketplace, y el valor ya no está en cómo creas una aplicación con la base de datos o el modelo de datos relacional. El valor está en el contenido *core*, pero para que lo esté tiene que haber *copyright*».

Regular de manera restrictiva tiene consecuencias y algunas de ellas ya se están evidenciando. Diferentes empresas o aplicaciones están optando por no establecerse en Europa, lo que supone un freno a la innovación y un riesgo de convertirnos en un continente rezagado... A lo mejor en algún momento dejas de ver Netflix en tu casa... Bromas aparte, ¿qué nos estamos perdiendo realmente? La oportunidad de estar en sintonía con el mundo. David Friedman asegura que regular así puede «quitarte la ventaja que tendrán otros países y tú te quedarás atrás».

Por poner un ejemplo, los sistemas autónomos en el caso de los vehículos, en términos tecnológicos, permiten que un Tesla se apague automáticamente y se estacione por sí mismo en una calle. Sin embargo, debido a una regulación europea, esta capacidad está limitada. En otras palabras, la tecnología supera a la regulación; actualmente, todos estamos aparcando de manera manual coches que podrían hacerlo automáticamente, pero ciertas restricciones lo impiden. ¿Por qué? Porque algunos en Europa consideran necesario establecer límites absurdos. Aquí es donde entran los *lobbies* y similares. En resumen, cualquier regulación será influenciada por intereses particulares, es decir, surgirán *lobbies* que aún no podemos anticipar.

Se pueden establecer ciertas limitaciones, como prohibir la difusión de información sobre cómo suicidarse o ahorcarse, pero también es fundamental comprender que la regulación no puede controlar todo el flujo de información en la Red. La tecnología avanza rápidamente y es imposible ponerle puertas al campo. La clave es mantener un equilibrio para no restringir la libertad de expresión y evitar la creación de regulaciones ineficaces que solo benefician a políticos y *lobbies*. En lugar de normativas superfluas, buscamos leyes que sean verdaderamente efectivas y pertinentes para la sociedad.

Lo único necesario es asegurarse de que nuestra legislación jurídica se adapte a los nuevos tiempos para evitar lagunas legales y que las acciones no reguladas pasen desapercibidas. Esto es evidente en casos de piratería informática, donde antes se hablaba de medios telemáticos y ahora se incluye lenguaje como el de WhatsApp, por ejemplo. Además, los jueces pueden aceptar mensajes de WhatsApp como prueba, pero deben solicitarlos explícitamente.

Como es lógico, también hay voces que apoyan la manera de actuar de Europa y que consideran necesario regular del modo como se está haciendo, como un elemento para proteger a la población y sus derechos fundamentales. Es el caso de Gemma Galdón: «Las democracias tratan de proteger a las personas. Un coche no sería tan masivo si no fuera seguro. Lo mismo que la inteligencia artificial». Sin embargo, ¿realmente se beneficia la persona de a pie? ¿Realmente nos beneficiamos tú o yo? Desde mi perspectiva, es una falacia, una mentira. Si nos fijamos, las regulaciones no resuelven realmente los problemas que pretenden abordar. Por ejemplo, la ley de violencia de género. Si después de años de aplicarla sigue habiendo violencia de este tipo, ¿está sirviendo de algo la legislación?

La regulación en Europa, en algunos casos, puede considerarse como un «chiringuito», una estructura sin un impacto significativo. La tecnología avanza a tal velocidad que las soluciones reguladoras pueden volverse obsoletas rápidamente. Entonces, ¿cómo las abordará una empresa como OpenAI? La respuesta será adaptarse para cumplir con la normativa, incluso si esto implica ofrecer una versión reducida de su servicio. Es decir, en lugar de solucionar problemas, las regulaciones tienden a convertirse en obstáculos innecesarios.

Ada Heinrich se muestra de acuerdo con que la legislación no va a solucionar los problemas que puedan generar las noticias falsas, la piratería u otras amenazas potenciales como que alguien falsifique la voz de mi abogado o el tuyo, por ejemplo. En gran parte, porque su aplicación no va a resultar sencilla: «Es necesario que haya reglamentos, pero luego los tienes que llevar a cabo. No sé a quién finalmente se va a penalizar: si a los ingenieros o a las empresas que desarrollan las tecnologías. Regular es una cosa y aplicar la regulación, otra. ¿Quién es el responsable jurídicamente hablando?».

Gemma Galdón, por el contrario, opina que «Estados Unidos va a regular y en ciertas cosas puede hacerlo de forma mucho más estricta y mucho más concreta que Europa». No estoy de acuerdo con esta afirmación, y Alejandro Touriño tampoco: «Hay un dicho horrible que dice que Estados Unidos innova, Europa regula y Asia copia. La vocación reguladora que existe en Europa no la veo en Estados Unidos. Obviamente, hay cada vez más sensibilidades en el formato anglosajón, pero si acudimos a los orígenes del derecho, Estados Unidos nunca ha sido así y no creo que vaya a ser así en los próximos años, porque durante siglos ha sido lo opuesto».

En cualquier caso, Gemma Galdón está convencida de la necesidad de que la inteligencia artificial pase por unas pruebas previas antes de ser utilizada por las personas para evitar posibles discriminaciones: «Muchos de los escenarios de incorporación de la IA están en priorización hospitalaria, en *banking*, en concesión de créditos o en acceso a cualquier tipo de *benefit*, son cosas en las que no tienes opción». Y añade: «La autorregulación ha llevado a que a las mujeres se nos den menos productos bancarios o que personas con síndrome de Down no puedan beneficiarse del reconocimiento facial, a que las personas negras en Estados Unidos reciban un 17 % menos de servicios de urgencias cuando van al hospital... La lógica de la autorregulación tenía sentido hace quince años, pero cuando han pasado todos estos años y la industria no ha hecho nada, tiene que intervenir alguien, porque el impacto de esas tecnologías está haciendo sufrir a la gente. Un coche con cinturón de seguridad es mejor coche; la inteligencia artificial que está sometida a regulación es mejor inteligencia artificial».

Entiendo su punto de vista, pero no lo comparto. Los problemas no son de la tecnología, sino de las personas. Si existe discriminación, hay que trabajar para eliminarla, pero no podemos prohibir de un plumazo los avances y las innovaciones solo porque conlleven algunos riesgos.

El sesgo algorítmico, qué es y cómo se puede producir

En capítulos anteriores hemos comentado la posibilidad de que algunas IA reproduzcan los sesgos humanos. Porque es eso y no otra cosa de lo que estamos hablando. El problema no es la tecnología, el problema son los propios prejuicios de las personas. La definición de sesgo algorítmico va en esa línea, poniendo el foco en la reproducción de nuestras carencias como seres humanos. Según la Wikipedia,[38] el sesgo algorítmico tiene lugar «cuando un sistema informático refleja los valores de los humanos que están implicados en la codificación y recolección de datos usados para entrenar el algoritmo. El sesgo algorítmico se puede encontrar en todos lados, como en los resultados de los motores de búsqueda o en las redes sociales, y pueden tener un gran impacto en temas como la privacidad o agravar sesgos sociales como los existentes respecto a razas, género, sexualidad o etnias». Y yo me pregunto: ¿por qué iba a ser perfecta una máquina creada por nosotros, tan imperfectos? Sin duda será buena, pero siempre mejorable. Y no pasa nada. La historia está llena de ejemplos de inventos y tecnología que han ido evolucionando poco a poco. Cuando lo consigamos, la IA será mucho más neutral y objetiva que cualquier persona.

De todas formas, me gustaría diferenciar en primer lugar entre el concepto de sesgo y el de discriminación. Como explica Jennifer Huddleston: «Habría que definir primero si los sesgos son técnicamente malos o no. Puede haber casos en que no, por ejemplo, en una inteligencia artificial médica en la que recogemos datos de tres hospitales sobre

---

38. https://es.wikipedia.org/wiki/Sesgo_algorítmico

ataques al corazón y uno de ellos proporciona más datos que los demás. Los resultados que obtengamos tendrán un sesgo sobre los otros hospitales, pero no es necesariamente negativo». Otra cosa es que estos sesgos lleven a discriminar a algún colectivo por su etnia, sexo, etc.

Gemma Galdón opina que la regulación es necesaria para evitar este último caso, puesto que «en el mundo real se nos pide hacer un plan de igualdad en la empresa, que la sociedad no juzgue a las personas por su sexo, su etnia, discapacidad, etc., y corregir sesgos para la igualdad de oportunidades, mientras que en el mundo *online* no. Con la IA te ofrecen menos productos por ser mujer, a nivel global, porque estamos infrarrepresentadas en los datos de entrada para la IA; y además tiende a eliminar a los *outlayers*, por lo que rompe con principios tan claros como la igualdad de oportunidades. Es importante diferenciar entre sesgo y discriminación. Los sesgos han de estar, la discriminación no».

Gemma pone de ejemplo el caso, hace algunos años, de una tarjeta de crédito de Apple[39] basada en un algoritmo, que ofrecía líneas de crédito más pequeñas a las mujeres. Goldman Sachs, el banco emisor de la Apple Card, insistió en que no había ningún sesgo de género en el algoritmo. ¿Cómo podría el banco discriminar si nadie le decía nunca qué clientes eran mujeres y cuáles hombres? Es cierto que otros datos podían hacer deducir al algoritmo el género del

---

39. https://www.wired.com/story/the-apple-card-didnt-see-gender-and-thats-the-problem/

solicitante, y la discriminación histórica y estadística en el sistema bancario hizo el resto. La tecnología no es infalible, pero es mejor que los sesgos humanos. La concesión de créditos valorados por personas tampoco es objetiva. Me atrevo a decir que el algoritmo, con sus fallos, quizá fue menos discriminatorio que una persona que hubiera asumido la misma tarea. Lo que hay que hacer es, cuando se detecte un problema de este tipo, trabajar para solucionarlo, no montar un escándalo.

En esta misma línea se expresa Jennifer Huddleston, con la que coincido plenamente: «Hay muchos más sesgos implícitos en la sociedad que en la IA. Si la inteligencia artificial tiene uno, es mucho más fácil responder a él que al de una persona. Si le decimos, por ejemplo, que nos enseñe imágenes de un profesional de enfermería sin indicar el género probablemente nos enseñará fotos de mujeres, pero no sabemos si está relacionado con la calidad de los datos originales o que el programa desarrollado por ingenieros, además, tiene un problema de sesgos». En cualquier caso, si fuera esto último, se podría solucionar más fácilmente que intentar convencer a una persona con la misma idea de que debe cambiar su percepción de los profesionales de enfermería.

Además, soy favorable al argumento de David Friedman cuando le pregunté al respecto: «Lo que estás describiendo como sesgo es un comportamiento sensato; las mujeres no son iguales que los hombres, de media. Yo no sé si las mujeres tienen más o menos riesgo, pero no hay motivo ninguno para asumir que el riesgo de una mujer es igual al de un hombre para el crédito». Es, cuando menos, una reflexión interesante sobre la que considero que hay que poner el foco. ¿Y si una mujer cuenta con un riesgo mayor por sus condiciones laborales o personales? ¿Sería discriminación que el algoritmo le negase el crédito, mientras sí se lo concede a un hombre con más estabilidad? Entiendo que la discriminación existe cuando, en igualdad de condiciones, a uno se le concede y a otro no; pero es muy complicado analizar todas las variables en casos como este, y no existen datos concluyentes.

Muchas personas aseguran también que resulta problemático que una cámara de reconocimiento facial se detenga más en las personas negras que en los hombres blancos. Pero, tal y como dice Friedman, «si miras las cifras de delitos, los afroamericanos cometen más en Estados Unidos que los que no lo son, así que, si tienes una cámara de vídeo de reconocimiento facial, tiene sentido que apunte más o que siga más a un afroamericano».

Tu ética está condicionada por tu cultura

La ética es un terreno subjetivo y discutible. Según Touriño, «el derecho es la consecuencia de la ética, es decir, lo que hace es bajar al terreno de las normas los acuerdos sociales que se adoptan. Por ello, una norma en España puede ser completamente distinta que la equivalente en Estados Unidos o en China. Ninguna es mejor que la otra, sino que son el resultado de la cultura y de la ética de cada país».

Hay veces, pues, que esa supuesta discriminación en realidad no lo es, aunque sea políticamente incorrecto decirlo. Como argumenta por su parte Sergio Maldonado, hay que tener mucho cuidado con la supuesta ética de muchas organizaciones: «No puedes imponer lo que quieres a los demás, por ejemplo el lenguaje inclusivo. La moral está condicionada por las creencias, si a ti te dice algo el algoritmo que consideras discriminatorio, tienes que tener en cuenta que tu umbral de discriminación está condicionado por tu cultura».

Considero que la regulación en base a la ética no es tan válida como la autorregulación. Algunos aspectos de la supuesta moral con la que se alcanzaron acuerdos y leyes en Europa ya no son válidos en el día de hoy. Se han quedado obsoletos, igual que se quedará la legislación, porque da lugar a situaciones insostenibles para la sociedad y la economía.

Imaginemos un escenario hipotético en el que, en relación con esa ética europea, la Unión Europea estableciera una regulación que exigiese la traducción de las conferencias y reuniones de las empresas a los idiomas de la UE en cuyo territorio se establezcan. Si mañana Open AI empezara a operar en Asturias y una persona le exigiera que sus directivos hablasen en bable, un dialecto que prácticamente nadie conoce, y OpenAI se negara, alguien podría amenazar con denunciarlos. Sin cumplir con esta normativa, una entidad tendría más complicado operar en la Unión Europea. En este caso, Open AI podría decidir no implantarse en Asturias, o en España en general. Que quede claro que no estoy en contra de determinados dialectos o idiomas. Lo que considero problemático es que se me obligue a hablarlos. Piénsalo. No sé si alguna vez te has visto en una situación parecida, pero ¿no coarta la libertad que te obliguen a expresarte en un lenguaje que no conoces?

Algo parecido es lo que ocurre con la regulación existente respecto a la proyección audiovisual. Plataformas como Netflix deben incluir como mínimo un 5 % de películas europeas para poder operar en Europa, incluso si estos filmes tienen baja audiencia. Para mí, este tipo de medidas son absurdas y no aportan ninguna solución. No van a conseguir que la gente vea más cine europeo. Lo ideal es que cada persona tenga libertad de consumir lo que quiera: si lo desea, puede pagar Filmin y atiborrarse de películas europeas de culto hasta que se le ponga cara de Ingmar Bergman. Pero, si no, no tiene ninguna necesidad.

Autorregúlate, *my friend*

Llegados a este punto, me pregunto por qué no nos enfocamos en el trabajo en lugar de actuar con hipocresía. Al final, parece que los únicos beneficiados por la regulación son los políticos de la Unión Europea. En lugar de depender de ellos, podríamos optar por la autorregulación, que está probado que funciona.

Los códigos de buenas prácticas que no restrinjan la libertad de las personas son la mejor solución. En Estados Unidos llevan a cabo este tipo de compromisos en diferentes sectores. Por ejemplo, colocan etiquetas A, B, C, etc. en determinados establecimientos, que indican si un lugar cumple con ciertos estándares de higiene. Es decir, puedes entrar a cualquier supermercado y comprar alimentos, pero si no ves la pegatina de buenas prácticas, te arriesgas a que no sean frescos o no cuenten con la higiene necesaria. Es una filosofía muy estadounidense, y personalmente, creo que es mejor que la europea. Es un sistema que funciona.

La transparencia, entonces, debería estar respaldada por este tipo de buenas prácticas. Imagina que la Unión Europea establece un estándar de protección de datos excepcional y pide a las entidades que se adhieran voluntariamente a este código. Consistiría en suscribirse y comprometerse a pasar una revisión anual. Es una elección voluntaria que todos seguirían. Un empresario, por norma general, siempre querrá asegurarse de que su fundación y sus prácticas estén alineadas con la ética y la integridad de la sociedad en la que vive. Además, le supondría un riesgo menor de sufrir fugas de datos personales de sus clientes y, en consecuencia, mayores beneficios económicos. Es inevitable que, en algún momento, se produzca alguna fuga, pero la clave está en una gestión adecuada para minimizar los riesgos. Findasense, la empresa que fundé, alcanzó ese nivel de calidad.

También podemos tomar como ejemplo el concepto de B Corp,[40] perteneciente a una entidad privada que opera en pro del bien común. Las empresas se asocian voluntariamente a iniciativas como esta y se someten a pruebas para garantizar la transparencia y la veracidad. Esto incluye aspectos éticos como el reciclaje, el trato a los trabajadores y otros temas fundamentales. Aunque su enfoque sobre aspectos como el cambio climático puede generar distintas opiniones, personalmente me adhiero en un 70 % a su filosofía, reconociendo que vivimos en un mundo imperfecto donde no todos compartimos las mismas creencias al cien por cien.

Para mí, la fortaleza del estado de derecho radica en muchas cosas, pero también en la existencia de este tipo de instituciones independientes y en la remuneración adecuada para profesionales como policías, profesores y jueces, para luchar contra la corrupción y la manipulación. Esto, en esencia, constituye lo que los humanos llamamos civilización: la dotación de instituciones que nos protegen mutuamente y evitan la violencia. Creo firmemente que, con las herramientas adecuadas, ya sea mediante la implementación de tecnología o a través de la educación, podríamos aspirar a erradicar problemáticas como la violencia de género o las *fake news*.

De hecho, la combinación de ambas podría ser clave para alcanzar este objetivo. Con el respaldo de tecnología y

40. https://www.bcorpspain.es

una dosis de educación, además de la aplicación de la justicia, es probable que consiguiéramos hacer un mundo mejor. Sin embargo, cuando consultamos a policías y jueces
sobre estos aspectos, a menudo señalan que el problema no
se aborda adecuadamente debido a determinados intereses,
porque hay cuestiones que son una bandera política o por
la presencia de considerables sumas de dinero en juego.

En última instancia, este entramado parece ser una forma de resguardar ciertos intereses y *lobbies*, bajo la excusa
de proteger a ciertas minorías. En resumen, para salvaguardar a un grupo de individuos, nos encontramos perjudi-
cando al resto de la población. La cuestión que planteo es:
¿debemos entender las motivaciones de cuatro gatos en de-
trimento de los otros cuarenta y siete millones de personas
de nuestro país? Obviamente, entender a todos es fundamental, pero no se puede obviar cómo estas decisiones
afectan al conjunto de la sociedad.

La inteligencia artificial aporta numerosos beneficios, y
cualquier problema debería abordarse a través de la vía ju-
dicial y no colocar la tirita antes de la herida. La solución
no radica solo en destinar más fondos a la justicia, sino en
garantizar que esta opere de manera eficiente, no como
ocurre en la actualidad, que uno puede hacerse viejo esperando una sentencia o un juicio.

Tomemos el ejemplo de OpenAI, que ha utilizado el
contenido de *The New York Times* sin autorización. En este
caso, considero justo que se presente una denuncia y que, si
OpenAI no retira el contenido en una semana, se tomen

medidas para proteger los derechos legítimos de los autores. Este enfoque no obstaculiza la innovación, y tampoco deja desprotegidas a las personas: evita que alguien se beneficie del trabajo de otro de manera indebida.

Pero no deberíamos limitar el acceso a la información. Cortar el acceso a la tecnología podría perjudicar a jóvenes que no tienen otra manera de formarse, como un chico de la Cañada Real de Madrid, para quien la IA puede ser una vía para salir de la pobreza. La educación y la concienciación son fundamentales también para orientar a los jóvenes en el uso responsable de la inteligencia artificial. En lugar de imponer restricciones, deberíamos fomentar la responsabilidad y la ética en su uso. ¿Una regulación de inteligencia artificial evitará que los niños realicen acciones inapropiadas con el móvil? No lo creo. En cualquier caso, es una pregunta difícil de responder, pero considero que la clave está en la educación y en promover una cultura de respeto y responsabilidad.

La cuestión de decidir qué es apropiado o no para nuestros hijos es algo que recae en los padres, no en regulaciones externas. Si eres padre, comprenderás de qué estoy hablando. La complejidad de la normativa radica en la necesidad de poner de acuerdo a doscientos millones de europeos sobre lo que se considera bien y mal. Es una tarea monumental que abarca una amplia diversidad de opiniones y valores. En lugar de depender únicamente de regulaciones estrictas, la responsabilidad individual y la educación parecen ser factores clave para abordar el reto.

¿Cómo puedes trabajar con los sesgos en tu día a día?

Te estarás preguntando cómo puedes utilizar la inteligencia artificial en el trabajo. Cuáles serán los desafíos a los que te tendrás que enfrentar a la hora de abordar la implementación de la IA con seguridad. ¿Podrás evitar los sesgos en una selección de currículum? ¿Podrás proteger adecuadamente los datos de tus clientes? Ya sabemos que no va a aparecer un robot para sustituirte, así que esa parte la tenemos controlada. Pero es normal y legítimo sentir este tipo de inquietudes.

Al final, lo importante no es la regulación, sino la transparencia. Parecería que la legislación busca precisamente esto, una mayor transparencia, pero no es así. Lo único que provoca es que muchos productos ya comunes, como los motores de búsqueda, correctores ortográficos o asistentes de voz en los teléfonos inteligentes, se vean obligados, a partir de ahora, a divulgar qué tipo de tecnología utilizan. Este hecho repercutirá, sin duda, en la forma de trabajar, ya que para las empresas supondrá mayores costes que pueden repercutir en clientes como tú, seas empresario o particular.

Y no solo eso: también diluirá el valor de la transparencia, puesto que esta información obligatoria se convertirá en una etiqueta generalizada para la mayoría de los productos, ya que de aquí a un tiempo prácticamente todo va a utilizar inteligencia artificial. Si casi la totalidad de los productos requieren una advertencia de que usan IA en algún nivel en sus procesos, tal requisito de transparencia se vuelve insignificante para el consumidor, que se cansará de ver la misma divulgación constantemente. Además, estas etiquetas generales no proporcionan información significativa que los consumidores o empresarios puedan entender y sobre la que puedan actuar si así lo desean. El Gobierno no debería convertirse en un diseñador de interfaz de usuario, ya que las mejores formas de comunicar dicha información variarán de un producto a otro y de un caso de uso a otro.

Bajo mi punto de vista, los gobiernos deberían trabajar de otra manera las incertidumbres que pueda generar la IA, con el fin de facilitar la actividad de las empresas y hacer más sencilla, también, la vida de los individuos. Un buen paso sería apoyar las buenas prácticas y trabajar de manera conjunta con las empresas innovadoras y los consumidores. De esa manera será más sencillo identificar los límites de determinadas aplicaciones sin necesidad de acudir a una regulación estricta. De hecho, en algunos casos estos encuentros pueden ayudar también a identificar leyes obsoletas que impiden el desarrollo de la innovación y la tecnología, y llevar hacia la desregulación. Es una oportunidad para todos: que los innovadores conozcan las preocupaciones de los reguladores y de la sociedad y brinden soluciones que puedan aliviar la sensación de malestar y, al mismo tiempo, fomentar usos beneficiosos y flexibles de la tecnología. La creación de normas voluntarias es la clave.

Tal y como indica Touriño que están haciendo en su empresa, por ejemplo: «Estamos implementando políticas de uso de inteligencia artificial dentro de las compañías porque es un tema bastante prototípico. Lo fácil sería regular lo que se puede o no se puede hacer con la IA, pero lo cierto es que existe ya mucha gente que la usa, lo sepa el jefe o no. Si tienes una persona en el departamento financiero y le pides un análisis de lo que sea y usa el Chat GPT, puede poner en riesgo la compañía según cómo esté compartiendo la información. Por eso estamos trabajando en una definición de políticas internas».

En definitiva, y más allá de los sesgos o discriminaciones, de que te enamores perdidamente de una IA como en la película *Her* o que te denieguen un crédito supuestamente por ser mujer, un tema importante que es necesario abordar en el mundo empresarial es el de la ciberseguridad. Es, sin duda, otra de las grandes inquietudes de la sociedad. ¿Qué van a hacer con tus datos? ¿Quién los va a tener y cómo los van a utilizar? Esta pregunta, que ya surgió con la popularización de internet y las redes sociales, es ahora una de las piedras en el zapato que mucha gente no logra sacarse.

Chema Molina explica muy bien la preocupación que tenemos con los datos: «En Europa ya tenemos el poder de los datos a nivel individual. Tú puedes decidir no compartirlos. Lo que pasa es que la gente se asusta cuando después de una conversación con un amigo hablando sobre taladradoras, miras el móvil y te aparece una oferta de taladradoras. Y yo me pregunto por qué se asusta, si le está facilitando las cosas. A mí, cuando alguien me hace una buena recomendación, me parece que me ahorra mucho tiempo en buscarla».

En cualquier caso, según una encuesta de Gartner Peer Community,[41] una red de líderes y ejecutivos, el 34 % de las organizaciones ya están utilizando o implementando herramientas de seguridad de aplicaciones de inteligencia artificial para mitigar los supuestos riesgos de la inteligencia artificial generativa (GenAI). Más de la mitad (56 %) de los encuestados dijeron que también están explorando este tipo de soluciones. Esta es una buena noticia. Al fin y al cabo, se trata, ni más ni menos, que de adaptarse a los nuevos tiempos.

Como vemos, las propias empresas se preocupan de tener una buena seguridad porque una fuga de datos las penalizaría enormemente ante sus usuarios. No les conviene, y no es necesaria ninguna regulación adicional para implementar buenas prácticas. Las fugas de datos es algo que ocurre de vez en cuando, es inevitable desgraciadamente, pero como penaliza en gran medida a la empresa que lo sufre, es otra forma de autorregulación. Open AI, por ejemplo, no se va a arriesgar a utilizar mal los datos de sus usuarios, porque sería mucho peor el remedio que la enfermedad.

Chema Molina nos habla de un caso práctico: «Nosotros, por ética, no accedemos ni utilizamos ningún dato de

---

41. https://www.gartner.com/en/newsroom/press-releases/2023-09-18-gartner-survey-revealed-34-percent-of-organizations-are-already-using-or-implementing-ai-application-security-tools

un cliente ni para revisar ni para entrenar ni para encontrar *bugs*. Son estancos los datos de un cliente respecto de otro, yo solo utilizo datos de entrenamiento de laboratorio que son de mi laboratorio. No tengo ni acceso a la estructura». La empresa de Chema Molina es un buen ejemplo de una compañía que ha adoptado determinadas buenas prácticas de manera voluntaria y que funciona.

¿Qué vas a hacer tú? ¿Asumir el modelo europeo de regulación y prohibir el uso de Chat GPT y otras aplicaciones de inteligencia artificial generativa en el trabajo (con la certeza de que los empleados lo usarán a escondidas) o aprovechar las ventajas y adoptar buenas prácticas para evitar discriminaciones o fugas de datos? En tu mano queda.

6.
La inteligencia artificial de Dios

En el año 1985, Marty McFly viaja hasta 2015 gracias al DeLorean. Lo que encuentra a su llegada es un panorama completamente diferente al de su tiempo: coches voladores, aeropatines y una moda de dudoso gusto, con mangas tipo acordeón, cordones automáticos y corbatas dobles. Eso sí, el fax se seguía utilizando a gran escala.

La trilogía de *Regreso al futuro* se convirtió en una película de culto, aunque sobra decir que, en 2015, los coches y los patinetes voladores seguían siendo meras fantasías, y el fax, por su parte, se había quedado totalmente obsoleto. La película acertó en algunos aspectos (las videoconferencias o el cine 3D), pero la mayoría de sus elementos nos resultan poco verosímiles vistos desde nuestra época.

No es el único caso. La película de Disney *Wall-E*, por su parte, plantea una visión no demasiado halagüeña de un futuro mucho más lejano: según este film, en 2805 la Tierra habrá sido devastada y será solamente un enorme basurero. La humanidad ha sido evacuada y habita naves gigantes dirigidas por una superinteligencia. La única actividad de las personas, ya que las máquinas lo organizan todo, es pasar el tiempo de manera pasiva frente a una pantalla. No voy a estar allí para verlo, pero me apuesto cualquier cosa a que en el año 2805 no va a suceder nada remotamente parecido a lo que se plantea. Aunque suene obvio, no está de más decir que estas historias son, básicamente, proyecciones de las preocupaciones de nuestra sociedad actual. Debemos percibirlas como temores y ansiedades inherentes a la naturaleza humana, pero no están necesariamente respaldadas por hechos.

Hace siglos que los escritores de ciencia ficción intentan, con mayor o menor acierto, predecir cómo será la sociedad del futuro. Algunos fueron verdaderos visionarios, como Julio Verne, quien fue capaz de pronosticar la llegada del hombre a la Luna, aunque en condiciones tecnológicas muy diferentes a las que se dieron en la realidad. Pero la mayoría de las historias escritas hasta ahora pone de manifiesto la dificultad que entraña anticipar el futuro, no solo en plazos de cien años, sino también de diez, treinta o cincuenta.

Existen autores, más allá del ámbito de la ciencia ficción y más cercanos al campo científico, que también han realizado sus propias predicciones. Según el artículo «*The Coming Superbrain*», publicado en *The New York Times* en 2009,[42] el pionero de la inteligencia artificial Raymond Kurzweil, en su libro de 2005 *La singularidad está cerca: cuando los humanos trascienden la biología*, intentó concretar con gran precisión la llegada de la evolución poshumana, y fijó la fecha en 2045.

42. https://www.nytimes.com/2009/05/24/weekinreview/24mar
koff.html

«Según Kurzweil, el rápido aumento de la potencia informática combinado con humanos cíborg llevaría a un punto en el cual la inteligencia de las máquinas no solo superaría a la inteligencia humana, sino que tomaría el control del proceso de invención tecnológica, con consecuencias impredecibles», indica el artículo.

Podemos creerlo o no, pero lo cierto es que la industria de la inteligencia artificial ha experimentado avances desiguales a lo largo de los últimos cincuenta años. Según la misma fuente, en 1964, cuando el científico informático John McCarthy fundó el Laboratorio de Inteligencia Artificial de Stanford, los investigadores aseguraron a los patrocinadores del Pentágono que la creación de una máquina artificialmente inteligente tomaría alrededor de diez años. No obstante, dos décadas después, en 1984, el objetivo no se había cumplido y por este motivo quebraron varias empresas en Silicon Valley, en lo que se conoce como «el invierno de la inteligencia artificial».

Tampoco se han cumplido muchas maravillas tecnológicas que, en algún momento, tuvimos la esperanza de ver: viajes a la Luna en ocho horas, ciudades subterráneas, la extinción del hambre en el mundo gracias a verduras gigantes, el control total del clima... En 1986, Ronald Reagan aseguró que «se podría volar de Washington a Tokio en dos horas», a veinticinco veces la velocidad del sonido,[43]

43. https://elpais.com/diario/1986/02/06/internacional/50802
8407_850215.html

gracias a un nuevo avión supersónico. El proyecto, no obstante, acabó muriendo en 1993 por falta de presupuesto.

Predecir lo que sucederá, especialmente en campos tan dinámicos como la inteligencia artificial, resulta prácticamente imposible. Nuestro mundo ha demostrado ser muy cambiante durante las últimas décadas. Las sociedades ya no son como antes, donde imperaba el estatismo. En la actualidad, hay una constante necesidad de reinventarse. A este respecto se han acuñado acrónimos como VUCA y BANI, que hacen referencia a este tipo de problemática. Hasta 2020 se decía que nos encontrábamos en un entorno VUCA (es decir, Volátil, Incierto, Complejo y Ambiguo); desde ese año, los expertos hablan del BANI, un entorno frágil, ansioso, no lineal e incluso incomprensible (*Brittle, Anxious, Nonlinear, Incomprehensible*).

Estamos inmersos en un mundo que demanda una adaptabilidad permanente. Piénsalo. En poco más de una generación los niños han pasado de escribir en el colegio en un cuaderno a hacerlo en una tableta; de usar pizarras de tiza a tener a su disposición pantallas y ordenadores; de entregar trabajos escritos a mano a elaborarlos digitalmente; de consultar enciclopedias en papel a utilizar Encarta, Wikipedia, Google y, finalmente, Chat GPT.

De hecho, ¿quién habría imaginado hace años, después de leer miles de páginas sobre los robots que quitarían el trabajo a las personas que se dedican a actividades manuales, que la inteligencia artificial generativa comenzaría a abordar tareas que se consideraban exclusivas de la creatividad humana? ¿Quién habría pensado que pasaríamos horas frente al ordenador comunicándonos a través de redes sociales o videoconferencias en lugar de cara a cara? Tal vez algunos lo habrían predicho, por mera estadística, pero la mayoría no. Es una cuestión que abordo también en mi primer libro, *¿Qué robot se ha llevado mi queso?*[44] Nos hemos equivocado en muchas cosas en un periodo de tiempo mucho más corto que el que sugieren muchas historias de ciencia ficción. Y es lógico: en un mundo tan cambiante, ¿cómo podemos prever lo que va a ocurrir más allá de cinco años vista?

Los diagnósticos agoreros

La ficción o la especulación, en sí mismas, no son un problema. Al contrario, abren campos a la imaginación. Lo conflictivo es creer en determinados pronósticos agoreros, y provocar, en consecuencia, un impacto negativo en el mundo real. Los avances científicos, a veces, pueden verse condicionados por algunas creencias que acaban afectando incluso a las decisiones de los inversores.

Recuerdo cuando se lanzó la serie *Black Mirror*. En aquel entonces, la gente expresaba mucho miedo ante la tecnología, un temor palpable. Aunque los planteamientos

---

44. https://www.planetadelibros.com/libro-que-robot-se-ha-llevado-mi-queso/267164

presentados hayan envejecido un poco, en su momento era impactante. Y, sin embargo, la serie no estaba transmitiendo un mensaje de miedo a la tecnología o a la inteligencia artificial; más bien indicaba que el verdadero problema radicaba en cómo cada individuo la podía utilizar.[45] No obstante, el mensaje con el que se quedó la mayoría de los espectadores no fue ese.

Es normal tener esta serie de inquietudes, pero resulta curioso, teniendo en cuenta que durante el último siglo la tecnología ha mejorado la calidad de vida de las personas en lugar de empeorarla, y eso sí es un hecho.

Veo probable que los grandes avances no estén lejos y la capacidad de especulación del ser humano siempre trabaja para plantear hipotéticos escenarios futuros. Javier Rodríguez reflexiona sobre ello de la siguiente forma: «Lo que más me asombra de la inteligencia artificial es la capacidad de autogestión y de aprendizaje continuo. Es un "monstruo" que se alimenta de datos y que cada vez sabe más de nosotros y da mejores respuestas. ¿Qué va a pasar el día que la IA, en manos de unos pocos, sea casi como el oráculo y tome decisiones por la humanidad? Cuando eso pase, si pasa, nos va a quedar muy poco que hacer como humanos. Entonces, ¿cómo nos reinventaremos para seguir teniendo un papel protagónico? ¿Algún momento vamos a perder el

---

45. https://www.espinof.com/series-de-ficcion/gente-esta-mal-puta-cabeza-charlie-brooker-no-quiere-que-gente-recuerde-black-mirror-como-serie-que-habla-mal-tecnologia

control? Es una gran pregunta y eso sí sería un antes y un después».

Cuando estas historias trascienden el mero entretenimiento y se quedan implantadas en el imaginario colectivo, influyen en nuestra percepción de la realidad y aumentan nuestras preocupaciones respecto a determinados temas. Eso condiciona, sin duda, nuestras decisiones, ya sea a la hora de votar o de pensar en nuestras necesidades. Si temes a las máquinas, es probable que no apoyes los avances tecnológicos; si crees que la corriente oceánica del Golfo se detendrá mañana, y que Europa y Estados Unidos se congelarán, estarás preocupado por el cambio climático y a favor de políticas que, supuestamente, están orientadas a paliar sus efectos. Piensa en ti mismo: ¿no te has planteado alguna de esas cosas tras ver películas apocalípticas como *El día de mañana*? También hay que reflexionar sobre por qué la gente temía tanto la aparición de *Terminator* en los años ochenta cuando lo más parecido que conocía la mayoría en ese momento era un aspirador y, aún hoy, es una *roomba* incapaz de dejar de chocar con las paredes y que, en cuanto te despistas, se queda atrapada entre una silla y una mesa.

David Friedman también piensa que «el futuro es impredecible. Es posible que la IA nos mate a todos o que reemplace a los humanos haciendo trabajos que no nos apetecen mucho, o que seamos todos más ricos porque podremos tener acceso a conseguir más capacidad con menos dinero». Álex Touriño, por su parte, lo tiene claro: «Que nos van a controlar las máquinas lo dejo más para los

Simpson que para la realidad». Y yo estoy de acuerdo con él en este punto.

Entonces, ¿va a convertirse la IA en una especie de Dios que nos va a dominar a todos? Creo poder afirmar, sin temor a equivocarme, que no va a ocurrir, por lo menos en los próximos años. Porque este no es un libro en el que predico lo que ocurrirá en 2040. Considero más útil centrarse en metas alcanzables en el corto plazo, digamos, en dos o tres años. Busco abordar asuntos más concretos y realizables. Toda la alarma sobre la superinteligencia, honestamente, no me preocupa. Solo aquellos con conocimientos en el tema pueden hablar con autoridad al respecto, y, por ahora, los expertos la descartan por completo. La creación de un sistema informático autoconsciente que nos domine a todos, un tema que se ha discutido durante décadas y se ha reflejado en decenas de obras de ciencia ficción, no se ha materializado ni lo va a hacer en un corto plazo de tiempo. Ni Skynet ni HAL 9000 están aquí.

Como dice Gemma Galdón, «nada de lo que hace la inteligencia artificial tiene que ver con su nombre, se le ha dado ese nombre por *marketing*, y ni es inteligente ni es artificial. Se trata en realidad de algoritmos matemáticos y estadísticos que lo que hacen es repetir patrones. No es una red neuronal ni un cerebro humano». Hoy por hoy, pues, la inteligencia artificial no se asemeja en absoluto al funcionamiento de nuestro pensamiento. Si se trata de identificar patrones, puede realizar esta tarea de manera considerablemente más rápida que nosotros. Sin embargo, en situaciones que requieren una verdadera reflexión, el cerebro humano demuestra su superioridad. La inteligencia artificial funciona más como un recurso de apoyo, similar a una agenda electrónica o una calculadora. Por este motivo, no está aquí para dominarnos o reemplazarnos, sino para trabajar con nosotros, para nosotros.

En cualquier caso, incluso si en algún momento llegara a crearse un cerebro global inteligente, ¿por qué tendría que ser necesariamente malo? Ese es el discurso al que me opongo. ¿No podría existir una máquina amigable, cooperativa y que nos ayudara como seres humanos? Todos los que están en contra del cambio siempre nos llevan a las últimas consecuencias: la pérdida masiva de empleo, la ausencia de ética ante la maximización de beneficios o la deshumanización. ¿No hay, acaso, otras opciones? ¿No han demostrado suficientemente los avances tecnológicos que han tenido lugar hasta este momento haber hecho más fácil y cómoda la vida de la población? Ya es hora de que la ciencia ficción se decante por la utopía y no tanto por la distopía.

La realidad de hoy

Hoy en día y gracias sobre todo a Chat GPT, la inteligencia artificial vuelve a estar tan de moda como lo estuvo en los años cincuenta y sesenta del siglo pasado. Recibe una gran atención por parte de la NASA y de empresas de Silicon Valley como Google, Microsoft, así como de diversas compañías emergentes. Hay muchos inversores que han visto su potencial. Es el caso de Ada Heinrich: «Si la inteligencia artificial sigue mejorando, supondrá un cambio importante en la humanidad, al igual que la revolución industrial o, aún más importante, la invención de la agricultura. Ha habido una amplia variedad de cambios relevantes a lo largo de la historia y creo que es muy posible que la IA sea uno de ellos». Por este motivo no hay que quedarse atrás, no puedes quedarte atrás.

La empresa consultora y de investigación estadounidense Gartner Inc. ha creado una representación gráfica en forma de curva, el Gartner Hype Cycle (o la Curva de Gartner), que permite identificar cómo una tecnología o aplicación evolucionará en el tiempo, es decir, qué innovaciones y técnicas se verán beneficiadas y cuáles tendrán limitaciones y riesgos. El objetivo es dar a conocer aquellas que tendrán una implantación generalizada a cinco años vista y, por lo tanto, serán las mejores opciones de inversión o de formación. A este respecto, David Friedman asegura que «la IA va más rápido de lo que pensaba, aunque puede ser una ilusión o espejismo. Los LLM ahora parece que son menos impresionantes de lo que parecían porque consisten solo en *data mining* del comportamiento de los seres humanos y esto no te hace que vayas más allá que la inteligencia humana, pero en cualquier caso, están impresionando a todo el mundo».

Es imposible predecir el futuro, lo mantengo; pero las tendencias de una tecnología como la inteligencia artificial en un plazo de cinco años son algo digno de tener en cuenta. Y no estamos hablando de pronósticos truculentos, sino de aplicaciones prácticas que ya han comenzado a desarrollarse. Esta información puede resultarte muy útil, tanto si eres empresario como trabajador o empleado por cuenta ajena. Una de las claves de las que ya hablamos era la adaptación. Si adoptas de manera temprana estas innovaciones, tendrás, sin duda, una ventaja competitiva.

Para Gartner, la clave está, cómo no, en la inteligencia artificial generativa (GenAI). Existen dos tipos de innovaciones que nos pueden llevar hacia sistemas más potentes:

• Las que serán impulsadas por la inteligencia artificial generativa.
• Las que impulsarán los avances en inteligencia artificial generativa.

En el primer caso, la inteligencia artificial generativa tendrá un impacto importante en actividades empresariales que requieran aumentar sus descubrimientos o autentificarlos, crear contenido o automatizar tareas que, hasta ahora, había realizado el ser humano. En el segundo, son tecnologías dirigidas a mejorar las competencias y el avance de la inteligencia artificial generativa.

Conocer en qué etapa se encontrará cada tipo de tecnología en los próximos años es muy útil a la hora de invertir o de reducir riesgos. Algunas pueden estar ahora mismo en la cresta de la ola, pero esa posición puede tratarse solo de una ilusión que acabará, en un par de años, por desinflarse;

o, al contrario, una tecnología recién lanzada puede tener aún margen de crecimiento y rentabilidad antes de sufrir el inevitable ajuste.

La Curva de Gartner 2023 destaca en qué momento las principales tecnologías actuales relacionadas con la IA alcanzarán la meseta de productividad, que es la etapa donde se genera mayor rentabilidad. Hay diferentes etapas temporales:

En menos de dos años:

- **Edge AI, también conocida como inteligencia artificial fuera de la nube**, es una de las tecnologías cuya consolidación está más cercana. Trata sobre la integración de técnicas de IA en productos no informáticos, dispositivos IoT (internet de las cosas), puertas de enlace y servidores perimetrales.
- **La visión espacial y computarizada**, que engloba tecnologías que capturan, procesan y analizan imágenes y vídeos del mundo real, estará en un momento interesante también en el corto plazo. Pensemos en Apple Vision Pro y Meta Quest.
- **El etiquetado y anotación de datos** es un proceso en el que los activos de datos se clasifican, segmentan, anotan y aumentan aún más para obtener mejores análisis y proyectos de inteligencia artificial. De dos a cinco años los más destacados serían los siguientes:
  - **Los servicios en la nube**, que gracias a la inteligencia artificial generativa van a poder mejorar la creación,

implementación y consumo de modelos de aprendizaje automático.

- **Las aplicaciones inteligentes**, que utilizan la adaptación aprendida para responder de manera autónoma tanto a personas como a máquinas.
- **Los *kits* de enseñanza y fabricación de IA.** Son herramientas y materiales que se pueden utilizar tanto para aprender computación en las escuelas como para fabricar, por ejemplo, un robot con cualidades de inteligencia artificial. En el medio plazo estarán listos para consolidarse y ser rentables.
- **Los gráficos de conocimiento**, también llamados red semántica. Constituyen una estructura que conecta entidades concretas, ya sean objetos, eventos, situaciones o conceptos, y destaca la relación entre ellos. Por lo general, estos datos se registran en una base de datos gráfica y se presentan visualmente en forma de gráficos, de ahí su denominación.
- **Los modelos fundacionales** constituyen otra tecnología con opciones de consolidación a corto plazo. Se trata de redes neuronales de aprendizaje profundo entrenadas a través de una amplia gama de conjuntos de datos con el fin de facilitar a los científicos la forma en la que abordan el *machine learning*.
- **Los datos sintéticos**, es decir, datos generados artificialmente en lugar de obtenidos a través de la observación directa del mundo real, también cuentan con un gran potencial.

- **La ingeniería rápida.** Se refiere a prácticas relacionadas con el diseño y la ingeniería de *prompts* en modelos de lenguaje. Consiste en proporcionar entradas, ya sea en forma de texto o imágenes, a modelos generativos de IA para especificar y limitar las respuestas que el modelo puede generar.
- **La inteligencia artificial impulsada por datos.** En este enfoque, los modelos de inteligencia artificial como el aprendizaje profundo se entrenan y mejoran utilizando grandes cantidades de datos.
- **La inteligencia artificial causal** también alcanzará la meseta de productividad en pocos años. Esta tecnología se centra en entender la causa y efecto en un conjunto de datos o un sistema, permitiendo un razonamiento más profundo sobre cómo cambiar una variable puede afectar a otras.
- **La inteligencia artificial de primeros principios** (FPAI), también conocida como IA basada en la física. Consiste en la aplicación de principios y modelos físicos en el desarrollo de algoritmos y sistemas de inteligencia artificial. Utiliza leyes y teorías físicas para formar el diseño y la implementación de modelos de aprendizaje automático y técnicas de procesamiento de datos.

Y quizá alrededor de 2034 podamos ver un desarrollo mayúsculo en:

- **La inteligencia artificial general (AGI).** La capacidad de entender, aprender y aplicar conocimientos de manera similar a la inteligencia humana aún está lejos de lograrse. Actualmente, dentro del gráfico de Gartner, se encuentra aún al comienzo de la etapa del pico de expectativas sobredimensionadas.
- **La inteligencia artificial neurosimbólica.** No es casualidad que este sistema, que integra técnicas de inteligencia artificial clásicas con modelos inspirados en la neurociencia para lograr sistemas más avanzados y con capacidades más cercanas a las de los seres humanos, también se encuentre lejos en el tiempo. Su desarrollo podría resultar clave para la AGI, pero aún tiene mucho camino que recorrer.

Como podemos observar, hay múltiples tecnologías desarrollándose dentro del mundo de la inteligencia artificial que, en un corto periodo de tiempo, van a estar entre nosotros. Otras, sin embargo, aún tardarán mucho en llegar, no sabemos cuánto. Entre ellas, aquellas que podrían asemejarse a una superinteligencia. Y, además, lo más probable es que una parte se queden por el camino, como ocurrió con el Concorde o con el avión supersónico que iba a viajar de Estados Unidos a Tokio en dos horas. Por eso hay que aprovechar el conocimiento de lo que tenemos más cerca.

Un futuro mejor

Como hemos visto a lo largo del libro, hoy por hoy, las máquinas no están programadas para tomar decisiones por sí mismas ni estamos destinados a convertirnos repentinamente en esclavos de la inteligencia artificial. Por ello es importante dejar atrás el imaginario perturbador de la ficción y centrarnos en cuestiones concretas, aspectos razonables como los que plantea Gartner y que aborden la optimización de recursos y una mejora de nuestra calidad de vida. Ignacio Fuentes comparte conmigo esta visión: «Soy muy optimista. Es verdad, si cae en las manos equivocadas se puede hacer de todo. Y es normal que nos preguntemos quién va a regular esto. Mis reguladores, con los que tengo que trabajar para las herramientas clínicas, tienen mucha dificultad, no entienden qué estamos haciendo. Lo que haría es traer al debate otro tipo de perfiles. Necesitas gente más humanista, que piense de otra manera, no solo tecnólogos».

La cuestión es que el gran impacto que tendrá la IA tiene que ver con su disponibilidad para cualquier persona a un coste prácticamente nulo. Y este valor es el que debes aprovechar, como empresario, emprendedor o trabajador.

Si reflexionas un poco, te darás cuenta de que a lo largo de los últimos años se ha hablado mucho sobre el coste de la computación, particularmente en la nube, y de cómo el acceso a ella se ha vuelto común gracias a la disminución de los gastos de procesamiento. Ahora vemos normal contar con grandes cantidades de contenido a nuestra disposición y a la velocidad de la red 5G, pero hace dos décadas nadie podría haber anticipado estas capacidades en dispositivos móviles, por ejemplo.

Esta perspectiva de que el coste de acceder a la inteligencia artificial general sea casi nulo representa un cambio radical. Significaría que cualquier persona, incluso la más desfavorecida, tendría la libertad de aprender a utilizarla. Con un modelo de Chat GPT o un *knowledge* similar, podremos aprender idiomas como el inglés, realizar cuentas, trabajar con hojas de cálculo e informarnos sobre una gran variedad de temas. Será un copiloto que nos ayudará a través de la unión de servicios multimodales ante nuestras necesidades con soluciones concretas. Cuando le pregunté sobre ello, Sergio Maldonado destacaba la idea de llevar la estadística a niveles accesibles para cualquier persona, incluso en un ámbito tan específico como la estadística de asteroides. Este hecho será posible porque la inteligencia artificial, con años de experiencia en el procesamiento estadístico de datos, avanza día a día.

La capacidad de democratización de esta tecnología es clave, y creo firmemente en la idea de proponer un precio accesible, como veinticinco dólares al mes, para poder utilizar el servicio. Es una forma de asegurar su sostenibilidad, pero sin que resulte prohibitivo para aquellos que no cuentan con muchos recursos. En resumen, supone la democratización total a un coste razonable. Si cuentas con una pequeña empresa o eres emprendedor, trescientos euros al año es una cantidad asumible para obtener un beneficio como el que puede aportar una inteligencia artificial generativa. Piensa en qué otras herramientas has invertido una cantidad de dinero similar en el último año. Ahora, reflexiona sobre las ventajas que te han proporcionado. ¿No merece la pena?

Hoy en día, si necesitas redactar un contrato para alquilar unas oficinas de tu propiedad, lo lógico es recurrir a un abogado y seguir el proceso tradicional. Sin embargo, en un futuro próximo, es probable que consultes a un *chatbot* o una herramienta similar que te guiará para generar automáticamente el contrato.

Esta transformación será especialmente buena para pequeñas y medianas empresas y emprendedores, ya que elimina la necesidad de obtener servicios a través de la intermediación de profesionales especializados. Sin embargo, nadie te va a regalar nada: será crucial adquirir la formación necesaria para comprender y aprovechar las herramientas. Ya hay muchas empresas que están formándose en las oportunidades que brinda la inteligencia artificial. Y tú, ¿te vas a quedar atrás?

Entonces, ¿cómo se presenta el futuro dentro de quince años? Repito que no tengo la respuesta definitiva, ya que nadie puede prever con certeza el futuro. Sin embargo, lo que puedo decir con seguridad es que, en este escenario, un pequeño porcentaje de la población vivirá mejor, y no será mayor porque poca gente estará dispuesta a adaptarse y aprovechar las oportunidades que se le presentan ahora. El destino personal de cada individuo estará en sus manos y dependerá de su libertad de elegir y evolucionar. No sucederá nada malo que no se desee que suceda, y esta es la clave para triunfar. Cada vez queda menos tiempo en la vida de cada individuo para modificar su comportamiento y prepararse para el futuro. Aunque el cambio no es intrínseco al ser humano, somos una especie que ha destacado por su adaptabilidad a lo largo de los siglos. El futuro puede ser espléndido si lo deseamos. Por ejemplo, una niña que habite un entorno de pobreza en una pequeña localidad de cualquier país en vías de desarrollo vivirá mejor y tendrá más oportunidades que hace unos años en el momento en que pueda acceder a los GPT. Es similar al impacto que tuvo WhatsApp. Es cierto que es inevitable que surjan cuestiones éticas, como el tema de la tributación, que deben abordarse desde el marco legal. Pero la ética primordial, en mi opinión, sigue siendo la misma; valores fundamentales como no mentir o no causar daño no cambian con la inteligencia artificial.

Eso no significa que algunos valores no puedan evolucionar con el tiempo y las épocas. Recuerdo a un destacado científico argentino, pionero en la clonación animal de hace un par de décadas. En aquel momento, clonar animales causaba cierto escándalo. Actualmente, gran parte de la carne consumida en Argentina proviene de la fecundación *in vitro* de terneros con componentes de equilibración.[46]

---

46. Véase en YouTube el video: «Daniel Salamone: "Las charlas de Milei me parecían impresionantes"».

Este científico abordaba la cuestión desde un enfoque humano, señalando que, aunque las leyes actuales prohíben ciertos procedimientos, la ética y la moral pueden evolucionar. Planteaba la posibilidad de tener un gemelo diferido en el tiempo y reflexionaba sobre cómo nuestra percepción de si algo así está bien o mal podría cambiar en las próximas décadas. Actualmente no tenemos la misma moral que en la Edad Media, y es natural. De hecho, es positivo que no sigamos queriendo castigar a los adúlteros con la pena de muerte o quemados en la hoguera.

De nuevo, el propósito

En una era definida por sus avances tecnológicos, la inteligencia artificial se erige no como un problema, sino como una herramienta poderosa. La clave reside en reflexionar sobre el uso que le damos, recordándonos que su verdadero impacto tiene que ver con la intención detrás de su uso. En este sentido, es importante subrayar que la inteligencia artificial, al igual que cualquier herramienta potente, requiere un manejo responsable y ético. En un mundo donde los medios de comunicación moldean la percepción y el entendimiento colectivo, la crítica constructiva emerge como un bastión contra la desinformación y es fundamental para salvaguardar la integridad de la información que se difunde en la sociedad. Los medios juegan un papel crucial en la formación de opiniones y, lamentablemente, la falta de independencia, la falta de contrastes y la escasa profundidad dañan a la opinión pública. La desinformación contribuye a tener una sociedad mal informada o, peor aún, no informada en absoluto.

La parte positiva es que la aplicación de la IA supera con creces a los inconvenientes. La idea de que estamos a punto de conseguir avances importantes en la lucha contra el cáncer, por ejemplo, es extraordinaria. No estamos hablando de un logro menor, sino de algo que podría transformar radicalmente la vida de las personas en un plazo relativamente corto, incluso en una década. Curar enfermedades como el cáncer o el Alzheimer resalta la esencia más humana de la inteligencia artificial.

Ada Heinrich pone algunos otros ejemplos, que fueron los que la llevaron a no dudar a la hora de invertir en empresas desarrolladoras de IA: «Estamos viendo todavía las oportunidades para utilizar la inteligencia artificial en todos los campos; estamos en una fase inicial del uso de la tecnología. No sé cuál será el futuro y qué nos deparará, pero hay categorías que tienen resultados prometedores: educación, cuidados domésticos y longevidad, ciencias de la vida, *software* como servicio... Personalmente, estoy fascinada por el impacto en las mejoras de salud y el espacio. Me encanta pensar que la tecnología puede servir para ir a otros planetas para las siguientes generaciones. Y veo mucha innovación en ciencias de la vida y en medicina, como ciertos descubrimientos de fármacos. Los próximos cinco años van a ser los de consolidación y autentificación».

Mientras experimentamos el impacto positivo y las mejoras que nos va a traer la inteligencia artificial, es fundamental evitar construir un monstruo imaginario que nos devore. La inteligencia artificial se presenta como un compañero de viaje en la búsqueda del propósito de vida. Este viaje, personal y a menudo vertiginoso, nos impulsa a cuestionar, a adaptarnos y a soñar con lo que podría ser.

No te voy a mentir; buscar el propósito personal es embarcarse en un proceso que da vértigo. Normalmente estamos inmersos en la rutina diaria, sin reflexionar demasiado, dejándonos llevar por nuestro día a día. La llegada de la inteligencia artificial ha roto esa ilusión de estabilidad. Ha redefinido rápidamente nuestro entorno, transformando la forma en la que vivimos y trabajamos. Pero la creencia en una superinteligencia que amenaza con destruirnos tiene la misma raíz que los temores infundados que nos inquietan a la hora de buscar un propósito personal. La adaptación implica superar estos temores, enfrentar la realidad y prepararnos para un futuro donde la colaboración entre humanos e inteligencia artificial va a ser esencial.

En este proceso, mirarnos de manera crítica y evaluar nuestras habilidades actuales es muy importante. En lugar de ver la inteligencia artificial como una amenaza, podemos entenderla como una herramienta para mejorar y ampliar nuestras capacidades. Si bien el cambio puede ser arduo, negarse a adaptarse solo te llevará a sufrir las consecuencias de la obsolescencia. Al igual que construir un propósito personal nos conduce a una vida más satisfactoria, abrazar la inteligencia artificial puede generar una sociedad más eficiente, innovadora y adaptada a las demandas del futuro.

El cambio es posible, y la recompensa que espera al final del camino supera con creces cualquier inconveniente anterior. Podrás disfrutar de tu trabajo, ganar más dinero, estar en la cresta de la ola, dejar atrás los miedos y la incertidumbre. Mira a tu alrededor. ¿Cuántas personas ves trabajando con una sonrisa? ¿Cuántas sientes llenas de energía, felices de lo que hacen? No son tantas, ¿verdad? Esas pocas son las que han traspasado el muro y han encontrado su *ikigai*, su razón de ser, su propósito. Adaptarse a la revolución tecnológica que traerá la inteligencia artificial es seguir ese mismo camino. No solo es necesario, sino que ofrece una oportunidad única. Ante ti se abre la posibilidad de aprovechar todos sus beneficios. Quiero cerrar estas páginas con la idea de que todo está en nuestras manos. El cambio positivo depende de lo que hagamos las personas, de lo que hagamos tú y yo y la postura que decidamos tomar. Solo de esa manera conseguiremos contribuir al desarrollo de un futuro donde humanos e inteligencia artificial coexistan de la mejor manera posible.

Agradecimientos

A mi familia, en especial a mi hermano Juan, por todo el conocimiento legal digital y su apoyo.

A Carlos Oliveira y Juan Santana, que me aguantaron y ayudaron hasta el último momento.

Al equipo de Thinking Heads: Elena, Iván y Manuel.

A todos los que me permitieron entrevistarles, el libro es también suyo: Ada Heinrich, Alex Touriño, Chema Molina, Concha Ortiz, David Friedman, Gemma Galdón, Ignacio Fuentes, Javier Rodríguez, Miguel Moreno, Jennifer Huddleston y Sergio Maldonado entre otros.

A mi España, por tener la suerte de nacer en ella, y a la causa de la libertad en el mundo. ¡Viva la libertad!

Su opinión es importante.
En futuras ediciones, estaremos encantados
de recoger sus comentarios sobre este libro.

Por favor, háganoslos llegar a través de nuestra web:

www.plataformaeditorial.com

Para adquirir nuestros títulos,
consulte con su librero habitual.

«*I cannot live without books*».
«No puedo vivir sin libros».
Thomas Jefferson

Desde 2013, Plataforma Editorial planta un árbol
por cada título publicado.